AF250848

COUP D'OEIL

SUR LES RÉSULTATS

DE TOUTES LES RÉVOLUTIONS,

PARTICULIÈREMENT

DE LA RÉVOLUTION FRANÇAISE;

SUR LA DÉSORGANISATION QUI MENACE LE GENRE HUMAIN,
ET SUR LES MOYENS D'Y REMÉDIER.

Exemple d'une Dynastie occupée, sans interruption, du bonheur de ses sujets; Partialité et Iniquité des Jugemens portés contre Louis XV; Justification de sa mémoire.

PAR M. LE JOYAND.

incedebat inter leones, et factus est leo : et didicit prædam capere, et homines devorare : didicit viduas facere, et civitates earum in desertum adducere : et desolata est terra et plenitudo ejus a voce rugitus illius. Et convenerunt adversus eum gentes undique de provinciis, et expanderunt super eum rete suum, in vulneribus earum captus est. (PROPHETIA EZECHIELIS, cap. XIX.)

A PARIS,

CHEZ PILLET AÎNÉ, IMPRIMEUR-LIBRAIRE,
RUE CHRISTINE, N° 5.

MARS 1821.

AVERTISSEMENT.

Cᴇᴛ Opuscule ne présente que le motif d'un ouvrage important.

Des hommes d'un esprit supérieur croient que, malgré son extrême imperfection, il contient des idées utiles au gouvernement et à l'humanité. Je le publie sans braver ni craindre la critique, et sans chercher ni excuse ni éloge.

COUP D'ŒIL

SUR

LES RÉSULTATS DE TOUTES LES RÉVOLUTIONS,

PARTICULIÈREMENT

DE LA RÉVOLUTION FRANÇAISE.

« DÉMOCRITE étant soupçonné de folie, Hippocrate fut appelé pour le guérir. A la sérieuse conversation d'Hippocrate, Démocrite opposa d'abord le ton railleur auquel il s'abandonnait habituellement. Quelle est la cause de cette joie qui m'offense, lui dit Hippocrate ? mes discours ont-ils quelque chose qui vous choque ? Après quelques momens de silence, Démocrite exposa les bizarreries et les disparates du genre humain. Il fit voir que rien n'est plus comique ni plus risible que la vie ; qu'elle s'emploie à chercher des biens imaginaires au risque de perdre tous les biens réels, et à former des projets qui demanderaient plusieurs vies surajoutées, sans être assuré du succès ; qu'elle s'échappe au moment même où l'homme ose le plus compter sur ses forces , et où il s'appuie davantage sur sa durée ; qu'elle n'est enfin qu'une illusion perpétuelle , qui séduit d'autant plus vite et plus aisément , qu'on porte en soi-même le principe de la séduction.

« Je voudrais , continua Démocrite , que
» l'univers entier se déroulât tout d'un coup
» à nos yeux. Qu'y verrions-nous ? que des
» hommes faibles, légers, inquiets, passionnés
» pour des bagatelles, pour des grains de sa-
» ble , des hommes , tantôt fanatiques , tantôt
» indifférens , pour et contre la divinité , pour
» et contre la nature , pour et contre la mo-
» rale , l'ordre , la liberté , l'anarchie , la li-
» cence , la vérité et le mensonge ! Qu'y ver-
» rions-nous ? que des inclinations basses , ri-
» dicules ou féroces, que l'on décore du nom
» de vertu ! Nous y verrions de petits intérêts ,
» de petites rivalités ; des démêlés de nations,
» de familles , d'individus ; des négociations
» pleines de tromperies , dont on se félicite
» en secret , et qu'on n'oserait produire au
» grand jour ; des liaisons formées par hasard ,
» par intérêt , par corruption ; des ressem-
» blances de goût qui passent pour une suite

» de réflexions ; des choses que notre faiblesse,
» notre extrême ignorance, nous portent à
» regarder comme belles, héroïques, écla-
» tantes, quoiqu'au fond elles ne soient dignes
» que de mépris. Et après cela nous cesse-
» rions de rire des hommes, de nous moquer
» de leur prétendue sagesse, de tout ce qu'ils
» vantent et exaltent si fort ! »

Les nations, le gouvernement, les individus, marchent par les interrègnes du crime
et du ridicule.

Mais il était réservé à notre révolution de
suspendre cette marche alternative qui laisse
au moins quelque trève et quelque répit. Il
lui était réservé de présenter de front, et con-
formément à son système de perfectibilité, le
blasphème, le sacrilége, la violation des tom-
beaux, la violation du droit des gens et des
nations, la violation même du droit de guerre
et de conquête, le massacre des prisonniers,
toutes les fureurs homicides, la rapine, l'u-
surpation érigées en lois, la sottise, la folie,
les bassesses de la corruption, les vanités de
l'abjection, la confusion des sentimens, des
préjugés, des opinions, des principes, des
mœurs, des habitudes, des souvenirs, des
expériences, de toutes les connaissances ac-

quises ; en un mot, l'athéisme qui ôte au monde physique , moral et intellectuel , son principe, son régulateur et son appui.

Ceux qui ont présumé qu'une telle révolution finirait avec la violence de ses premières explosions , se sont étrangement trompés. Leur présomption a fait négliger les moyens qui pouvaient , seuls , mettre un terme au désordre ; et cette négligence a plongé la France, l'Europe et l'Amérique , dans un danger infiniment plus difficile à surmonter que les premiers excès.

Cependant les leçons ne manquaient pas.

Dans l'ordre physique , la nature montrait d'immenses et fertiles régions tellement frappées par un tremblement de terre , que ce n'était qu'après plus de quarante ans de stérilité qu'elles étaient redevenues ce qu'elles avaient été.

Dans l'ordre moral, les violences politiques avaient constamment désolé le genre humain , confondu les élémens de la civilisation , et renversé les meilleures ainsi que les plus mauvaises dynasties, les plus puissans ainsi que les plus faibles gouvernemens. Vainement on s'était efforcé de les remettre debout ; vainement on avait prétendu , en débrouillant le chaos dans lequel on était tombé, établir sur des ruines des fondemens plus solides. Toujours on était rentré dans le cercle vicieux précédemment parcouru ; et toujours il s'était trouvé des factieux, des intrigans, des ambitieux, des sophistes, pour persuader aux peuples qu'ils seraient plus heureux sur un sol bouleversé par des volcans que sur un sol tranquillement affermi par les siècles, et progressivement fécondé par le travail, l'expérience, le génie et la sagesse.

Cependant les sophistes, les intrigans, les perturbateurs, aussi bien que les peuples qu'ils ont trompés, sont dévorés les uns par les autres. Mais la leçon pour tous est également inutile. Les nouveaux sophistes se persuadent qu'ils éviteront les écueils où leurs contemporains et leurs devanciers ont échoué. Si, par malheur, ils en aperçoivent quelques-uns qui vivent tranquillement, enrichis de la dépouille des victimes, ce scandale devient encore une source de corruption qui les engage à renouveler et à perpétuer le désordre. Non-seulement ils comptent pour rien les maux qu'ils continuent d'évoquer sur l'humanité entière, mais ils se dissimulent leurs propres dangers ; ils ne voient que les chances favorables à leur ambition ; ils espèrent parvenir à leur but ; au milieu des tempêtes et des hasards innombrables où les sociétés ont toujours fait naufrage. Ils commandent le silence aux opprimés ; et, après leur avoir rendu la vie insupportable, ils les menacent encore ; ils étouffent les plus naturelles et les plus justes réclamations des victimes, pour donner aux heureux spoliateurs une sécurité qu'ils veulent obtenir à leur tour. Ils oublient l'inévitable malédiction qui s'est accomplie sur ceux qui ont égorgé Naboth pour s'emparer de sa vigne. Certains des effets de la discorde, semblables à des forcenés qui, portant le fer et la flamme en tous lieux, pourraient prédire que le sang coulera et que l'incendie se propagera, ils s'érigent en prophètes, ils annoncent la future destinée des souverains et des nations.

Les commotions morales sont donc infiniment plus désastreuses et plus longues que les commotions physiques. L'état des deux hémisphères, la situation de l'Europe, depuis trente ans, reproduisent l'expérience de tous les siècles. Les sources et les moyens matériels de prospérité y sont les mêmes qu'avant la révolution française ; le sol n'a pas perdu sa fécondité ; l'agriculture, les arts, l'industrie sont perfectionnés; la masse des matières métalliques est plutôt augmentée que diminuée. Mais les principes, les idées, les affections, les habitudes morales, sont altérés, décomposés, presqu'anéantis. Et après trente ans de misère et de désolation, malgré les éclatans succès plusieurs fois obtenus contre le désordre physique, la tranquillité des peuples et des souverains n'est pas encore fixée; elle est de nouveau compromise. Après trente années de désolation et d'abomination, nous ne trouvons qu'une planche de salut, la charte de Louis XVIII, tandis que la déclaration du 20 juin 1789, donnée par Louis XVI, comblant tous les cahiers et tous les mandats des états-généraux, cette déclaration, reproduite dans la charte de 1814, nous aurait préservés de tous les fléaux qui continuent de nous accabler. Il est donc absolument faux, absolument absurde de penser, il est odieux d'oser dire que notre révolution ait fait le moindre bien : elle n'a produit que crime et désespoir; et elle a indéfiniment ajourné le bien qu'avait déjà fait Louis XVI, et le bien plus grand encore qu'il voulait faire. Tout le bien que nous pourrons retrouver, il faudra donc le rapporter à la déclaration de Louis XVI, et à la charte de

Louis XVIII. Depuis le commencement de la monarchie jusqu'à nos jours, la Providence a voulu que les Français ne fussent affranchis que par leurs rois.

Pour acquérir une conviction complète sur les funestes résultats d'une révolution telle que la nôtre, et sur ses malheureuses influences jusque dans la restauration, il n'est pas inutile d'examiner ce qui se passe dans le cœur de l'homme, ses besoins, ses passions, les différentes impressions qu'il reçoit aussitôt que, ne trouvant plus d'appui dans les lois auxquelles il avait été jusqu'alors obligé de se conformer, il voit confondre et détruire toutes les notions divines et humaines de juste et d'injuste ; de vertu et de vice, d'honneur et d'infamie.

Opposons au perturbateur l'homme fidèle, dévoué ; en un mot l'honnête homme.

Quand l'ordre général est interrompu, et que des secousses continuelles, qui surpassent toutes les résistances connues, semblent accélérer la marche des siècles vers la ruine du monde, à la terreur, qui d'abord se propage avec une inconcevable rapidité, bientôt succèdent le courage, le dévouement et la résignation. Alors on voit, sans distinction de sexe, d'âge, de rang, de préjugés ; de force ou de faiblesse, affronter les plus horribles dangers, et consommer avec la plus étonnante persévérance les plus grands sacrifices (1). Quelle que soit la cause de ce phénomène, quelle que soit la manière dont elle influe sur le cœur et l'esprit, l'homme en reçoit une force et des secours extraordinaires : il s'affermit, il s'élève; et, dans la lutte même la plus inégale, il se trouve disposé à tout oser, à tout supporter, à tout espérer. Le changement prodigieux qui s'est opéré en lui échappe à toutes les vraisemblances et à tous les calculs.

Mais à mesure que le trouble se dissipe, et que les moyens ordinaires se retrouvent proportionnés aux besoins de l'homme, les secours extraordinaires, qui semblent réservés pour le tems des grandes calamités (2), se retirent. C'est alors, sur le retour de la simple justice distributive, sans laquelle nul gouver-

---

(1) La nation française en a donné les plus nombreux et les plus sublimes exemples.

(2) Je n'ai emprunté d'aucun écrit cette pensée; je l'avais déjà exprimée dans un Mémoire que j'ai eu l'honneur d'adresser au Roi en 1816, par l'organe du premier gentilhomme de la chambre; et j'avais lu ce Mémoire à un grand nombre de personnes qui l'ont remarquée, long-tems avant qu'elle ait été produite dans les papiers publics.

nement ne peut être ni créé ni rétabli; c'est sur la légitimité de ses droits que l'homme doit compter, sans que l'embarras des circonstances, ni de prétendues raisons d'Etat, aussi fécondes en crimes qu'en prétextes, autorisent à la méconnaître et à en différer plus long-tems l'exercice.

Si le sujet du monarque ou de la république n'obtient pas justice, il est précipité, par cet abandon et ce refus, dans le désespoir. Tout est épuisé pour lui, puisque les secours extraordinaires qui lui avaient été donnés pour le soutenir contre la violence des commotions ont cessé ou disparu avec elles, et que les moyens ordinaires sur lesquels reposent l'harmonie et la règle du monde social lui sont refusés. C'est pourquoi lorsque, sous les formes de directoire, de consulat et d'empire, on a essayé de régulariser et de consolider les crimes de la révolution, les malheurs de la France et de l'Europe n'ont pas cessé : ils se sont au contraire multipliés et agrandis. C'est pourquoi aussi tous ces gouvernemens, à qui cependant la continuation de l'injustice paraissait si nécessaire et si indispensable (parce qu'ils étaient tous héritiers les uns des autres, et que leur commun héritage, depuis la révolte des états-généraux, c'était le crime), ont disparu, comme des météores politiques, ne laissant après eux que le souvenir et les traces des plus épouvantables fléaux qui aient ravagé la terre.

Parmi les maux engendrés de la violence des commotions, il y a donc des maux plus insupportables que cette violence même. N'est-ce pas en effet le comble du malheur, après avoir essuyé tous les dangers de la violence, d'essuyer encore les coups de l'injustice érigée en système et en méthode administrative, tout-à-fait désespérante sous un gouvernement réparateur?

Il y a donc des hommes encore plus dangereux que les premiers révolutionnaires, que les fanatiques apôtres d'une liberté fondée sur l'anarchie. L'inexpérience d'un nouveau fanatisme politique peut solliciter pour ceux-ci la clémence ; l'expérience, si long-tems et si terriblement acquise, condamne sans miséricorde ceux qui leur ont succédé : elle accuse les hypocrites, les trafiquans de principes, d'opinions et de conduite, les hommes versatiles, les intrigans qui, sous de lâches et perfides réserves, se sont rangés d'abord avec les adversaires d'un roi malheureux, mais digne de tous les hommages du monde civilisé, ou qui, pour tenter de nouveau la fortune peu favorable à leurs premières intrigues, circonviennent et tourmentent, en corrompant la vérité, le successeur d'un roi victime de sa trop grande bonté. L'expérience, si long-tems et si terriblement acquise, accuse et condamne aussi sévèrement des hommes moins coupables en apparence, qui, comme le dit Plutarque, sous les dehors d'une niaiserie spirituelle, sous la livrée de l'esprit, trompent effectivement les princes en les entretenant de chansons, de petites anecdotes, de petits traits d'histoire, de petits prodiges de mémoire, et de difficultés de grammaire, au lieu de leur transmettre purement et simplement la vérité, au lieu de leur reprocher même leurs faiblesses, leurs erreurs, leurs travers, leurs vices, et de tenir ainsi le langage des vrais philosophes dont les lèvres ne doivent jamais être souillées de mensonge et de flatterie. Les seuls solides et vrais amis des princes sont ceux qui ne leur dissimulent jamais la vérité.

Pour entreprendre la solution du problème qui occupe les gouvernemens et les peuples, il ne suffirait pas de se rappeler les révolutions connues; il faut s'élever à des considérations

universelles, et montrer, dans le monde politique comme dans le monde physique, le
remède à tous les maux, l'harmonie, la paix,
la prospérité, dans les plus simples moyens.

Il faut considérer que, malgré les barrières
physiques que la nature a mises entre les nations, et qui semblaient insurmontables, toutes
les régions du globe sont à peu près découvertes. Il faut considérer que, malgré les barrières
politiques et religieuses qui les divisaient,
malgré les préjugés qui paraissaient les rendre
inconciliables, tous les peuples vont enfin se
connaître. Un commun équilibre s'établira
entre les lumières, les obstacles, les ressources
et les besoins. Semblables à ces mers supérieu-
res dont les eaux, après avoir rompu les digues
qui les retenaient, se sont réunies, sous un
même niveau, aux mers inférieures, et ne
rentreront plus dans leur bassin primitif, les
nations, long-tems agitées comme les flots,
seront enfin contenues sous un niveau universel. Et de même que, dans l'ordre physique,
c'est de l'inégalité et de la diversité que le suprême modérateur fait naître, sous l'empire
de l'équilibre, l'harmonie et la fécondité; de
même que tout ce qui s'écarte de cet équilibre,
y est constamment ramené par l'action domi-

nante d'un principe unique ; de même aussi, dans l'ordre politique, tout ce qui s'écartera de la justice, qui est l'équilibre du monde moral, n'aura qu'un règne éphémère. L'arbitraire sera extirpé de tous les lieux où il s'était établi, et ne pourra se réfugier nulle part.

Il est donc impossible de rétablir l'harmonie, la paix, le bonheur, autrement que par la justice. Il n'y a point d'autre alliance imaginable entre les peuples et les souverains, point d'autre garantie pour eux.

Dans le monde physique, sans une distribution proportionnelle des forces et des moyens, il n'y a point d'équilibre ; sans équilibre, il n'existe ni ordre ni harmonie.

Dans le monde moral, sans la justice distributive, qui est aussi une application proportionnelle des forces et des moyens mis en commun, la société tombe dans l'arbitraire du despotisme ou de l'anarchie. La justice est, comme nous venons de le dire, l'équilibre du monde moral et politique ; et sans la bonne foi il n'existe point de justice, il n'en peut exister qu'un simulacre dont la courte durée décèle le vice radical.

Quels que soient donc les embarras et les besoins, les gouvernemens deviendront plus stables, et les sujets plus heureux, avec une bonne foi constante, qu'avec beaucoup de moyens matériels sans bonne foi. Plus ils s'en écarteront, plus ils se précipiteront vers leur ruine. Les forces et les moyens matériels ne sont presque rien en comparaison de la force morale. Tant que cette puissance conserve l'empire, les forces matérielles qui lui sont subordonnées concourent par elle au bonheur général. Aussitôt que cette dépendance est dérangée, le mal commence et s'accroît jusqu'à ce que l'ordre soit rétabli. Précédé de toutes les forces du système infernal qui semblait avoir désorganisé le monde et anéanti toutes les résistances, déjà maître de l'Europe, escorté d'une armée innombrable, courageuse et aguerrie, entraînant avec lui les peuples et les rois vaincus, le plus insigne corrupteur des forces morales, Buonaparte, s'avance pour conquérir les déserts de l'Est et du Nord : pour détruire sa puissance, il suffit d'une seule contrariété de climat, et de la résignation d'un peuple religieux. Qu'est devenu l'immense produit de ses concussions, de ses combinaisons perfides ? quel a été le terme de son obstination sans génie ? tant de forces réunies, tant de richesses accumulées, non-seulement n'ont pu lui donner du crédit, mais encore sa mauvaise foi, ses bienfaits hypocrites et empoisonneurs, ses mesures spoliatrices, son conseil général de liquidation, les lois clandestines fabriquées par le président de ce conseil, lui ont fait plus de mal que ne lui en auraient fait ses extravagances. En contraignant tous les souverains et tous les peuples à concourir à leur propre destruction, en voulant tout envahir pour lui et sa famille, comme il avait envahi la France en assassinant le duc d'Enghien, il s'est perdu, il a gratuitement désolé la France et les autres nations. Les peuples et les souverains ne lui ont pas permis de ressaisir le fer tombé de ses mains; et la France, fatiguée de ses gigantesques projets, ainsi que de ses crimes, l'a abandonné en 1814 et 1815.

Dieu a livré à la dispute l'explication physique de l'univers (1); mais il a fait de la justice, de la morale, et du dévouement qui en dérive, un précepte obligé qui n'admet ni dispense ni excuse, parce que dans toute société, la corruption, l'égoïsme, le moindre type d'imperfection morale, est une intarissable

____

(1) *Tradidit mundum disputationi eorum.*

source de malheurs, tandis que l'imperfection
et l'absurdité des systèmes physiques ne peuvent troubler l'ordre de la nature terrestre et
l'harmonie des cieux.

Il ne doit donc exister qu'un seul et même
système politique durable pour tous les peuples
et tous les gouvernemens; et ce système, aussi
ancien que le monde, est fondé sur un seul et
même principe parfaitement évident, parfaitement manifesté aux ignorans aussi bien qu'aux
savans : *Mentita est iniquitas sibi, justitia et
pax osculatæ sunt :* vérité aussi palpable, infiniment plus utile, et plus féconde que les premières vérités mathématiques, sans qu'il soit
nécessaire de nous replonger, avec les publicistes anciens et modernes, dans les discus-
sions et les controverses, où les sophistes, les
novateurs, les idéologues, les beaux esprits
révolutionnaires, les ambitieux, les intrigans,
n'ont semé et ne sèment encore aujourd'hui
que des épines et des productions vénéneuses.

Il suffirait de rapprocher les législateurs
pour montrer que le seul bon, c'est celui des
chrétiens. Il ne serait pas moins facile de dé-
montrer, sans y faire intervenir les lois bru-
talement sanguinaires de Dracon, et les
maximes plus odieuses de Machiavel, et la lo-

gomachie de nos révolutionnaires, que même les meilleurs publicistes, leurs plus savans écrits, leurs oppositions, les innombrables répliques et disputes auxquelles ils donnent encore lieu, et auxquelles il est tems de mettre un terme si on ne veut pas sans cesse recommencer le cercle déjà tant de fois parcouru de sophismes, de crimes, de renversemens et de reconstructions, n'ont fait qu'embrouiller toutes les questions, multiplier les embarras, les anxiétés et les crises politiques, et n'ont rien ajouté à la sublime et féconde simplicité de l'Evangile, à l'étendue et à l'utilité de ses préceptes. Plus on compare les livres des hommes avec nos livres sacrés, plus on est convaincu que ceux-ci contiennent tout ce que l'on peut apprendre de vérités morales et politiques nécessaires pour gouverner les sociétés, les familles et les individus. Les publicistes, même parmi les plus grands écrivains religieux, ne sont parvenus à prouver qu'une chose, c'est que l'éloquence des hommes, quelqu'ambitieuse et imposante que l'on puisse l'imaginer, en matière de religion, est aussi équivoque, aussi dangereuse, qu'en matière de droit civil et criminel. Les fleurs de l'éloquence factice peuvent aussi bien couvrir un précipice qu'un lieu de repos. En s'écartant de la sublime et simple éloquence des livres sacrés, on a justifié ce texte humiliant, mais instructif et digne de méditation : *Quoniam defecit* SANCTUS, *quoniam diminutæ sunt veritates à filiis hominum...... Quoniam non intellexerunt opera Domini, et in opera manuum ejus* (1). On citerait peu d'écrivains qui n'aient parlé, comme Fénélon, qu'avec la clarté, la douceur, la droiture, la persuasion, la simplicité, qui sont le caractère et la force de l'Evangile.

De ce qui précède, il résulterait aussi que les codes civils, les codes criminels, les codes de procédure, qui ne sont, avec leur multiplicité de lois et de formules, que des codes de ruine, de chicane et de discorde organisée, ouverts à toutes les interprétations de l'arbitraire et de l'intrigue, à l'influence des passions et à l'ascendant non moins équivoque de l'éloquence, justifient la plus belle partie de la philosophie de Descartes, qui ne trouve la perfection en tout genre que dans l'unité de principe, de loi, d'action, et qui en regarde la multiplicité comme le signe le plus certain de

______

(1) *Psalm.* XI et XXVII.

la corruption intellectuelle, morale et politique, comme la cause la plus immédiate des malheurs publics et de la dissolution des empires (1).

C'est donc avec la droiture, la simplicité, la bonne foi, la justice, inséparablement liées par l'unique principe qui en est la source, que les dynasties aujourd'hui régnantes se maintiendront, et qu'elles arrêteront le cours de l'anarchie révolutionnaire qui menace de s'étendre sur le monde entier. Les souverains ne doivent donc jamais oublier que l'unité morale est aussi nécessaire pour gouverner, sans violence et sans commotion, la diversité des passions et des opinions des hommes, que l'unité physique pour gouverner la diversité des élémens et des corps. Ils doivent surtout considérer que l'unité religieuse est la seule base de l'unité morale ; que l'une est la première et l'unique cause, l'autre son effet le plus inséparable et le plus immédiat.

Le polythéisme, en rompant l'unité religieuse, a rompu l'unité morale et l'unité po-

---

(1) Voyez ma lettre du 12 novembre 1792 à la convention, au sujet du procès de Louis XVI, et ma lettre du 1er frimaire de l'an 8 à Buonaparte.

litique. En déifiant les passions et les vices, il a excité et favorisé les rivalités et les ambitions nationales et individuelles ; il a enfanté toutes les intolérances, toutes les guerres de religion ; il a commis, par dessus tout, le plus horrible blasphème et le plus grand crime, en sanctionnant, au nom de chacun de ses dieux, et en portant des esprits superficiels ou passionnés, à rejeter sur le Dieu unique presque tous les crimes du genre humain. Dès lors, la force et la ruse, en passant alternativement d'une famille à une autre famille, d'un peuple à un autre peuple, d'un gouvernement à un autre gouvernement, d'une religion à une autre religion ; ont fait alternativement, dans tous les partis et dans tous les tems, des bourreaux et des victimes. Dès lors les sophistes ont pu prêcher l'athéisme en disant que la crainte et les autres passions avaient fait les dieux (1) ; Virgile, pieux et sensible, a eu raison de s'indigner que tant de fiel pût entrer dans les ames célestes (2) ; et Lucrèce a pu se tromper en accusant de tant de calamités la religion (3).

---

(1) *Primus in* [illegible]

(2) *Tantæ ne a* [illegible]

(3) *Tantùm rell* [illegible] *lorum.*

Mais c'est une contradiction matérielle et formelle dans tous les sens et dans tous les termes, d'accuser ici l'unité religieuse ou la religion ; puisque c'est, au contraire, le polythéisme le plus mortel ennemi de l'unité religieuse, c'est par conséquent la diversité des cultes, ce sont les religions et non pas la religion, qui ont favorisé les plus grands excès, et se sont efforcés de les justifier.

L'unité religieuse de Socrate eût peut-être sauvé Athènes et toute la Grèce.

Le schisme de Samarie a perdu tout Israël. Il est la principale cause temporelle de la dispersion des Juifs.

Et depuis l'établissement du christianisme, c'est parce que l'unité religieuse a été rompue, c'est parce que les gouvernemens ont souffert cette rupture ; c'est parce qu'ils ont adopté l'hérésie et le schisme, c'est parce qu'ils les ont admis comme bases de leurs institutions et de leurs organisations politiques ; c'est parce qu'ils n'ont agi trop long-tems que dans le petit système de leurs vieilles rivalités, que la révolution française a pu naître et s'étendre sur les deux hémisphères.

S'il est vrai, s'il est évident, que tout ce qui s'écarte de l'unité tend à l'anarchie ; s'il est évident que le polythéisme et la diversité des cultes sont une véritable anarchie religieuse et politique ; ce n'est donc pas seulement à la démocratie, à l'anarchie populaire, qu'il faut s'en prendre. L'anarchie qui vient d'en haut est infiniment plus dangereuse, puisque les gouvernemens ne doivent exister que pour réprimer et modérer les discordes et la tendance continuelle des peuples à l'anarchie, dont le résultat, en favorisant toutes les irrégularités et toutes les ambitions individuelles, est la ruine et la destruction des peuples mêmes.

L'unité religieuse, essentiellement tutélaire et conservatrice, est donc absolument contraire à tous les genres de fanatisme, à l'intolérance essentiellement féroce, spoliatrice et meurtrière.

Elle n'est pas moins contraire à l'indifférence en matière de religion.

Elle est le seul vrai principe, le premier et le dernier terme de l'ordre social.

Elle recommande d'assujétir sans cesse le désordre, et de modérer les excès. Mais elle veut que l'on parle à l'esprit pour le persuader, aux passions pour les rendre utiles, et au cœur pour le ramener. Elle ne réprime, elle ne punit matériellement, que les crimes matériels. Et même encore à cette extrémité observe-t-elle, dans sa sévérité, la plus admirable économie. Dieu, lorsqu'il a lui-même infligé la punition, s'est contenté de marquer au front le premier homicide. Ce n'est qu'après la corruption complète des voies de la nature qu'il a permis le déluge. Et par le feu il n'a détruit que des villes tellement dissolues qu'il ne s'y trouvait pas un seul homme juste; puisque le moins odieux, le moins indigne de clémence, celui que Dieu ne dédaigna pas d'épargner, s'abandonna à l'ivrognerie et à l'inceste, au moment où il venait d'être sauvé et de perdre sa femme, et pendant la nuit même où il voyait sa patrie dévorée par le feu. Jusque dans la loi de rigueur, donnée pour extirper la gangrène physique et morale d'un peuple stupide tombé dans l'avilissement, Dieu a souvent rappelé aux doux sentimens de la nature les prophètes et les exécuteurs de cette loi. Moïse n'est pas entré dans la terre de promission, et Jonas a été puni de son orgueil inhumain.

Tant que Dieu n'aurait donné, ou renouvelé, ou promulgé sa loi, la loi de sa création, la loi dite improprement de nature, que par dés hommes, ils y auraient introduit leurs passions individuelles d'égoïsme et d'orgueil, et ils auraient continué, ainsi que leurs prédécesseurs, moralistes, législateurs, prophètes ou pontifes, à mêler l'œuvre de l'homme à l'œuvre de CELUI qui pose tous les fondemens, et qui donne tous les moyens, tous les pouvoirs et toutes les missions. Il fallait donc un type, un modèle de perfection incarnée; c'est par lui seul que Dieu pouvait manifester dans quelle intention, dans quel dessein, il avait créé la nature; c'est par lui seul que Dieu a donné son Evangile de douceur, de charité, de tolérance et de concorde universelle.

En se réduisant ainsi sous forme humaine, il s'était condamné d'avance aux misères inséparables d'un être limité, par conséquent à la cessation plus ou moins prompte des forces organiques de l'homme sur la terre.

En immolant cette auguste victime, malgré sa déclaration plusieurs fois réitérée de vouloir simplement accomplir la loi et non la détruire, les Juifs croyaient n'immoler qu'un usurpateur, un séditieux, qui voulait rompre leur unité religieuse, et s'emparer d'un trône temporel. C'est pourquoi, comme homme il a prié pour eux, parce qu'ils ne savaient ce qu'ils faisaient ; et c'est pourquoi ils n'ont encouru d'autre peine temporelle que celle qu'ils ont formellement et obstinément sollicitée à grands cris.

Avant sa mort et après sa résurrection, il a annoncé que l'objet de sa mission était de sauver tous les hommes; et pour qu'ils fussent heureux dès ce monde, il a recommandé à chacun d'eux d'aimer comme soi-même, et de secourir indistinctement tous les autres. Il a vu tous les hommes, venus et à venir, rassemblés dans l'unité d'un Dieu qui rend au centuple tous les sacrifices, et qui donne infiniment encore à celui qui n'a rien pu donner. Il n'a vivement réprimandé que les égoïstes insensibles aux misères d'autrui. Il n'a donc pas seulement recommandé à chacun de supporter les défauts et les erreurs de tous les autres hommes. Il ne s'est pas borné à cette bienveillance purement passive. Il y a joint le précepte absolu d'une bienveillance active, de tous les sacrifices et de tous les secours possibles, dans les besoins et dans les dangers.

Les premiers chrétiens pratiquaient exactement ces deux préceptes. Dans les premiers et les plus beaux jours du christianisme, les orthodoxes, indulgens à ceux qui éprouvaient des doutes et des difficultés, les traitaient humainement, et les recevaient dans leurs maisons et à leur table ! On plaignait les égaremens, et on supportait avec patience ceux qui s'étaient égarés. Les larmes et les prières, une douceur bienfaisante qui engageait plus qu'elle ne commandait, étaient les seules armes contre ses adversaires. Personne ne croyait avoir droit de se scandaliser ; le divin législateur, en disant *malheur à celui qui se scandalise*, l'avait défendu. Personne ne s'attribuait le funeste mérite de nuire aux autres.

Sévère envers les méchans, surtout envers les hypocrites ; maudissant quiconque envahit la fortune ou répand le sang des hommes, Jésus a cependant prié pour ses bourreaux afin de laisser, jusqu'au dernier terme de la vie, une voie au repentir et à la réparation. Indulgent pour l'ignorance, tolérant le doute et le défaut de persuasion, il ne s'est point offensé de l'incrédulité très-prononcée de ses disciples ; il les a, au contraire, doucement invités à se convaincre par le témoignage de leurs sens, par celui-même du toucher, qui est le plus matériel de tous. Cependant ses disciples étaient infiniment plus inexcusables que tous les incrédules du monde ; ils avaient vu les miracles qui avaient précédé et accompagné la mort de leur maître ; ils l'avaient entendu dire qu'il pouvait à son gré quitter son ame et la reprendre ; ils l'avaient entendu annoncer le miracle de sa résurrection (1).

---

(1) Des femmes pieuses vont au sépulcre le lendemain de la mort de Jésus. Deux anges leur annoncent sa résurrection. Elles en rapportent la nouvelle à tous les disciples, un seul excepté. Cette nouvelle leur semble une folie. Jésus s'approche, voyage avec eux, combat leur incrédulité, d'abord sans se faire voir : il leur manifeste bientôt sa présence ; ils le reconnaissent, et il disparaît subitement. Une seconde apparition les jette dans un trouble et une frayeur extrêmes : ils croient voir un esprit. « Pourquoi ce trouble ? leur dit-il ; voyez mes mains et mes pieds, touchez et voyez : les esprits n'ont ni chair ni os ! » Et comme ses disciples ne croyaient pas encore, pour les convaincre il mange avec eux. (*Evang. sec. Matthœum*, cap. XXVIII ; *sec. Marcum*, cap. XVI ; *sec. Lucam*, cap. XXIV.) Le seul Thomas, depuis huit jours que le Christ était ressuscité, ne l'avait pas encore vu ; il n'avait appris sa résurrection que par le récit des femmes et de ses condisciples ; et, toujours incrédule, il leur répondait : « Tant que je n'aurai pas vu les plaies, tant que je n'y aurai pas mis le doigt et la main, je ne croirai pas. » *Nisi videro in manibus ejus fixuram clavorum, et mittam digitum meum in locum clavorum, et mittam manum meam in latus ejus, non credam.* Après ces huit jours d'incrédulité, Jésus lui apparaît tout à coup dans l'assemblée des apôtres, et lui dit : *Infer digitum tuum hùc, et vide manus meas, et affer manum tuam, et mitte in latus meum ; et noli esse incredulus, sed fidelis.* Thomas, enfin convaincu, en est quitte pour ce reproche : *Quia vidisti*

C'est ainsi que, par ses préceptes et ses actions, le divin législateur a montré de quelle manière l'unité religieuse doit gouverner les hommes. C'est ainsi qu'il a tracé aux souverains, aux pontifes et aux prêtres, la conduite qu'ils doivent tenir envers les ignorans et les incrédules. C'est ainsi qu'il signale l'intolérance qui réunit à tous les crimes de l'ambition, à tous les excès de la férocité, et à toutes les terreurs de la superstition, le sacrilége et le blasphème. Et c'est pourquoi l'intolérance est la plus affreuse ennemie de Dieu, de la nature, de la civilisation et de l'humanité entière. C'est pourquoi l'intolérance ternit toute espèce de gloire, et n'épargne pas même la mémoire des souverains les plus recommandables par leur génie et par leurs autres qualités personnelles.

Ce n'est donc que par erreur, ou mensonge, ou prévention, que l'on expliquerait, dans un sens favorable à l'intolérance, le fameux *compelle intrare*.

Le Messie n'a été envoyé que pour détruire l'intolérance.

---

me, *Thoma, credidisti · beati qui non viderunt et crediderunt!* (*Sec. Johannem*, cap. XX.)

Il faut donc à jamais exécrer l'alliance du fanatisme et de l'ambition, et les guerres d'extermination qu'elle a engendrées.

Il est donc invinciblement démontré que la loi de Dieu, l'unité religieuse, l'unité morale de la nature et de la révélation, réprouvent les violences, les persécutions, les spoliations, les massacres.

L'unité religieuse n'est intolérante que dans l'intérêt légitime et sacré de son existence tutélaire ; elle n'est intolérante qu'en ce qu'elle ne peut pas plus adopter les constitutions de l'hérésie et du schisme, qu'elle ne peut autoriser les constitutions des spoliateurs et des homicides.

La vérité et l'unité ne doivent pas se résoudre en erreur et en anarchie : c'est à l'erreur et à l'anarchie de rentrer dans le sein de la vérité et de l'unité.

L'Eglise a été frappée des fléaux révolutionnaires, parce que ses chefs et ses membres ont, ainsi que les souverains et leurs sujets, des fautes et des crimes à expier. Mais dans cette communauté, dans cette réciprocité d'erreurs et de crimes, il faut cependant rattacher l'unité religieuse et l'unité morale à un centre visible, parce que pour l'homme de ce monde tout doit avertir l'esprit et le cœur par les sens : la lumière, essentiellement expansive, ne doit pas être renfermée sous le boisseau ; elle ne doit pas être atténuée, altérée, décomposée, sous autant de boisseaux qu'il y a d'individus. Rome est la plus ancienne dépositaire de l'unité religieuse et de l'intégralité de son principe. C'est là que les nations et leurs gouvernemens, pour se replacer sur la solide base de l'unité religieuse, morale et politique, et pour renouveler l'alliance du genre humain avec le principe de toutes les existences, doivent concentrer leurs vœux, leurs efforts et leurs sacrifices. C'est alors aussi que Rome, abjurant toute maxime d'intérêt matériel, toute ambition locale et individuelle, doit s'ouvrir à tous les hommes justes qui sont sur la terre ; elle ne doit pas être plus inaccessible et plus exclusive que son législateur et sa législation ; son vœu le plus constant doit être de former, en présence du Dieu de la nature, seul et même Dieu des sages de tous les siècles et de toutes les nations, qui n'a donné son Evangile que comme la plus abondante source de secours et le plus parfait moyen de conserver et de pratiquer la vraie loi naturelle, la grande Eglise annoncée dans plusieurs textes de David (1), et sur l'établissement de laquelle le Christ, soit par l'objet universel de sa mission, soit par le texte de son Testament, n'a pas laissé le moindre doute (2).

La sainte alliance, jurée par les grandes puissances de l'Europe, est un premier pas. Elle peut fonder un édifice inébranlable. Mais il faut que ce nouveau pacte soit pleinement exécuté. Quelque peu d'esprit d'usurpation et de conquête que les souverains y mêlassent encore, les peuples n'y verraient qu'un piége tendu par l'ambition à la crédulité. Et les uns, et les autres rentreraient dans le cercle infernal dont ils ont tant de peine de sortir. La grande catastrophe ne serait que différée; et, au point où en sont aujourd'hui les choses et la disposition générale des esprits, la trève révolutionnaire ne serait pas longue.

---

(1) *Confitebor tibi, Domine, in Ecclesiâ magnâ, in consilio justorum et congregatione.*

(2) *Et alias oves habeo quæ non sunt ex hoc ovili: et illas oportet me adducere, et vocem meam audient, et fiet unum ovile et unus pastor.* (*Evang. sec. Johannem*, cap. X.) *Euntes ergo docete omnes gentes...., Et ecce ego vobiscum sum....., usque ad consummationem seculi.* (*Sec. Matthæum*, cap. XXVIII.) *Euntes in mundum universum, prædicate evangelium omni creaturæ.* (*Sec. Marcum*, cap. XVI; et sec. *Lucam*, cap. XXIV.)

Dans l'unité religieuse, les souverains trouveront la force de Dieu même, et les peuples tous les genres de secours contre les misères qui poursuivent l'homme sur la terre (1).

Enfin, quoiqu'il ne puisse exister qu'un seul type et un seul modèle de perfection incarnée, et qu'il n'existe personne sans défaut, sans faiblesse, et peut-être sans vice, il serait faux et infiniment dangereux d'en conclure que les hommes ne doivent pas défendre, annoncer ou reproduire la vérité, les principes d'ordre et de justice. David n'était pas sans reproche, lorsqu'annonçant la parole de Dieu il s'est écrié : *Peccatori autem dixit Deus : Quarè tu enarras justitias meas, et assumis testamentum meum per os tuum ? Tu verò disciplinam odisti.* (*Psalm.* XLIX.) Cette apostrophe ne tend qu'à obliger l'homme à conformer sa conduite à la loi dont il reconnaît la prééminence.

J'ai pris le texte et l'épigraphe de cet opuscule dans le dix-neuvième chapitre des *Prophéties d'Ezéchiel*, qui peint complètement mot à mot, sans interprétation, la révolution française, ses triomphes, ses héros, leur des-

---

(1) *Domine, in virtute tuâ lœtabitur rex.* (*Psalm.* XX.)

truction, particulièrement les succès et la chute de Buonaparte, même la faiblesse et l'indécision du gouvernement réparateur confié au ministère versatile qui vient de finir. Je rétablis ce texte entier, ce texte accablant, pour les hommes qui s'obstinent à nier qu'une puissance supérieure ait découvert l'avenir à des organes choisis par elle.

Et tu, fili hominis, assume planctum super principes Israel, et dices : Quare mater tua læna inter leones cubavit, in medio leonculorum enutrivit catulos suos? Et eduxit unum de leonculis suis..... Qui incedebat inter leones, et factus est leo : et didicit prædam capere, et homines devorare : didicit viduas facere, et civitates eorum in desertum adducere : et desolata est terra et plenitudo ejus à voce rugitus illius. Et convenerunt adversùs eum gentes undique de provinciis, et expanderunt super eum rete suum, in vulneribus earum captus est......, Mater tua quasi vinea in sanguine tuo super aquam plantata est : fructus ejus, et frondes ejus creverunt in aquis multis, et factæ sunt ei virgæ solidæ in sceptra dominantium, et exaltata est statura ejus inter frondes : et vidit altitudinem suam in multitudine palmitum suorum. Et evulsa est in irâ, in terramque pro-

jecta : et ventus urens siccavit fructum ejus : marcuerunt, et arefactæ sunt virgæ roboris ejus : ignis comedit eam....... Et non fuit in eâ virga fortis, in sceptrum dominantium. Planctus est, et erit in planctum.

Pour que l'on n'élève pas le moindre doute sur ma sincérité, je dois aussi rétablir à ce sujet, et même en faveur des plus ardens propagateurs des idées soi-disant libérales, ce que j'avais inséré dans ma pétition du 14 février 1820, et que j'en ai retranché pour ne pas trop diversifier l'attention.

Quand même la révolution d'Espagne, fomentée par les perturbateurs de la France, aurait un plein succès; quand même la France, pour l'appuyer et s'en appuyer, consentirait à reproduire les déplorables scènes de la démagogie, du directoire, du consulat et de l'empire; quand même cette peste politique s'étendrait sur les autres nations, voici, en style lapidaire, les inévitables résultats de la grande catastrophe; et comme elle comprend tous les systèmes et tous les partis; je les invite tous, les mauvais ainsi que les bons, à y réfléchir.

Anarchie européenne.

Abrutissement et dégradation du genre humain.

Déluge de sang et de crimes, dont la durée est incalculable, et dont la révolution française peut à peine donner une idée.

Nouvelles ambitions.

Nouvelles intrigues.

Nouvelles hypocrisies de bien public.

Nouvelles divisions de territoires.

Nouvelles dénominations. Continuation de l'idéologie, du néologisme et de la logomachie révolutionnaires.

Nouvelles proscriptions, nouvelles spoliations, dans tous les rangs.

Nouvelles hiérarchies, nouvelles distinctions.

Nouvelles dynasties.

Nouveaux devoirs.

Nouvelles servitudes : témoins l'hypocrisie républicaine, et ensuite le despotisme militaire de Buonaparte, qui prétendait avoir conquis les hommes et les propriétés de la France entière, bientôt de l'Europe et du monde, et qui ne créait les majorats de sa noblesse que pour consolider, par leur dépendance envers lui, l'asservissement du reste de la nation consolée dans la perspective de l'asservissement des autres nations, sans permettre à ses *majorés* d'élever la voix : de là son *sénat tibérien* et sa *chambre des muets.*

Que de calamités frapperaient alternativement les réformateurs, les victimes, et les
spoliateurs eux-mêmes ! Que de tems, que de
générations sacrifiés, pour en revenir tout au
plus où en est aujourd'hui la France après les
nouvelles anxiétés et les nouvelles douleurs
qui accompagnent depuis six ans sa restauration, malgré les bienveillantes concessions de
son roi et l'immense concours des amis de
l'ordre !

Veut-on rêver, en Europe, les Etats-Unis
d'Amérique ?

Mais, en Europe, toutes les terres sont oc-
cupées, tandis qu'en Amérique la plupart des
terres attendent des hommes qui viennent s'en
emparer, les cultiver et les peupler.

Mais, lorsque toutes les terres de l'Amérique, même celles des Etats-Unis, seront oc-
cupées, aussitôt qu'il s'élèvera quelques-unes
de ces dissensions inséparables des passions,
de la mobilité des opinions, des préjugés, des
systèmes, de la diversité des climats et des
productions du sol, des mœurs, des habitudes et des besoins naturels ou factices, il
arrivera aux peuples des Etats-Unis, et à tout
autre peuple américain, ce qui est constamment arrivé à toutes les grandes républiques,

ce que l'on a infiniment de peine à éviter dans les plus petites. Ses peuples, divisés d'intérêt, pour se défendre ou triompher les uns des autres, concentreront les pouvoirs d'agression et de résistance, dont la force ne réside que dans l'unité de principe et d'action. De là, la monarchie absolue ou modérée, élective ou héréditaire, suivant les circonstances tout-à-fait accidentelles où se trouveront les peuples.

Il n'y a donc qu'un absurde délire, ou de criminelles intentions, qui puissent propager les intrigues systématiques de ceux qui conspirent contre les gouvernemens actuels de l'Europe, particulièrement contre la monarchie française, encore plus recommandable par l'excellence de la dynastie des Bourbons, que par ses lois.

Dans mes efforts, depuis le commencement de la révolution, j'ai été soutenu par le désir et l'espérance de revoir cette dynastie qui réunit ce que l'intelligence conçoit de plus grand sur la terre, et ce que le cœur ressent de plus doux; cette race qui doit être chère à toutes les bonnes races, et à la conservation de laquelle doivent veiller même les plus méchantes, parce qu'il n'est pas vraisemblable que l'on retrouve dans aucune révolution, dans aucune espèce de gouvernement, des chefs aussi indulgens pour l'erreur, aussi tolérans pour les opinions et les systèmes, aussi clémens envers les factieux qui les outragent et les monstres qui les assassinent ; enfin, parce que c'est à cette race incomparable que l'esprit humain doit sa résurrection, l'Europe la renaissance des lettres, des sciences et des arts, et les peuples la délivrance de toute servitude.

Mon dévouement pour les Bourbons n'est donc point une stupide idolâtrie ; il repose sur la solennité des faits historiques que j'ai opposés à la Convention elle-même dans ma protestation du 12 novembre 1792. L'histoire a consacré les constans efforts de nos rois, sans excepter Louis XV (a), pour affranchir de toute servitude la nation française.

^(a) NOTES.

Au lieu de jeter, comme Sem et Japhet sur la nudité de leur père, un voile sur les dernières années de ce prince, sur un abus qui prend sa source dans le plus impérieux, le plus vif et le plus doux attrait de la nature, les descendans de Cham, les Cananéens et les vrais Caïns de l'ordre social en France, pour détruire la monarchie en flétrisssant la mémoire de ce bon roi, n'ont voilé que ses grandes qualités, et n'ont écrit en grosses lettres que ses faiblesses et ses fautes, comme s'il fallait flétrir la mémoire de David à qui ses faiblesses firent commettre le crime humainement inexpiable que Louis XV n'a pas commis, et la mémoire de Henri IV et celle de Louis XIV, entraînés, ainsi que lui, par ce penchant presque irrésistible, que, dans la personne même de la femme adultère, condamnée par une loi positive, le législateur des chrétiens n'a pas voulu laisser punir par des hommes à qui ce penchant est commun, et pour montrer peut-être que Dieu s'est réservé le châtiment des infractions faites à la discipline et à l'ordre légitime des jouissances naturelles!

Lorsqu'on écrit que « Louis XIV emporta avec lui

» dans la tombe la splendeur de la monarchie ; (que)
» le régent, prince brave et voluptueux, qui ne per-
» mettait pas qu'on troublât ses plaisirs, et qui du
» moins savait maintenir la paix à la longueur de son
» épée, laissa perdre les mœurs ; (que) sous Louis XV,
» l'ordre naturel des choses se dérangea ; (que) la mé-
» diocrité passa dans les hommes d'Etat, la supériorité
» dans les hommes privés ; (qu'il) n'y eut plus d'his-
» toire de France au dehors ; (qu'elle) se renferma toute
» dans le cabinet des ministres, le salon des maîtresses,
» la société des gens de lettres ; (que) les vanités, prin-
» cipes des crimes parmi nous, s'exaltèrent ; (que) la
» mollesse de-la vie contrastait avec l'âpreté des doc-
» trines ; (que) la monarchie tournait à la république,
» parce que la licence des mœurs amenait l'indépen-
» dance des opinions (1) ; » à ce récit qui comprend
isolément ce que la vérité historique nous a transmis de
plus sévère, à ces antithèses, peut être inutiles dans le
panégyrique de monseigneur le duc de Berri, il fallait
au moins se hâter d'opposer les innombrables faits qui
ont illustré la personne de Louis XV et son règne. Il
fallait redire la gloire de ses armes, son immuable
amour de l'humanité et de la paix jusque dans la guerre ;
sa tolérance religieuse dont on a ensuite abusé ; les établissemens utiles, les nouvelles routes, les embellissemens créés par lui sur tous les points de la France ;

_____

(1) *Mémoires, Lettres et Pièces authentiques, touchant la vie et la mort de S. A. R. le duc de Berri*, par M. le vicomte de Châ-teaubriand ; à Paris, 1820.

les voyages des savans et leurs découvertes dans toutes
les parties du monde ; les admirables progrès des sciences , de la littérature , des arts , de l'agriculture , du
commerce ; les améliorations de la médecine , et l'heureuse révolution de l'art chirurgical ; la multiplication
des jouissances et des commodités de la vie. Il fallait
reproduire les principaux traits de ce tableau historique,
qui confond la malveillance et la prévention en éclai-
rant la critique.

Tandis que les savans de la France (par ordre de
Louis XV) traversaient les mers , mesuraient le globe ,
observaient les cieux , dessinaient les monumens de la
Grèce et de l'Egypte , où allaient chercher à la Chine
et aux Indes les livres les plus anciennement écrits , leur
patrie s'embellissait de toutes parts ; et, en y rapportant
de nouvelles lumières , ils y trouvaient de nouveaux
chefs-d'œuvre.

Revenaient-ils par la Méditerranée? ils trouvaient
le port de Cette nouvellement sorti des eaux. En arri-
vant à Montpellier , ils voyaient dans une place immense , d'où l'œil découvre à la fois les Pyrénées , les
Cévennes , les Alpes et la Méditerranée , une statue
équestre avec cette inscription : *Ludovico decimo quarto ,
comitia Occitaniæ , incolumi vovere , ex oculis sublato po-
suere* , que Voltaire a traduite en ces mots : *à Louis XIV
après sa mort* , qui ne disent rien de l'immortalité si bien
exprimée dans l'inscription *incolumi , ex oculis sublato* ;
une fontaine dont l'eau , amenée de plus de trois lieues ,
portée par un aqueduc élevé sur un double rang d'ar-
cades , forme dans cette place une cascade de plus de
sept pieds.

Rentraient-ils par les ports de l'Océan? Bordeaux leur offrait la statue du roi qui avait encouragé leurs travaux. A Nantes ils voyaient une ville nouvelle. A Rennes, la statue élevée à *Louis XIV* en 1726, et celle que les états de Bretagne élevèrent à *Louis XV* après sa maladie, et devant cette statue la déesse de la santé sacrifiant sur un autel, et la Bretagne à genoux demandant au Ciel de lui conserver son monarque.

Prenaient-ils la route des Pays-Bas? Valenciennes leur montrait la statue pédestre de *Louis XV*.

Prenaient-ils la route de l'Allemagne? Dans la Lorraine, heureuse sous l'administration de *Stanislas*, Lunéville et Commerci s'étaient embellies de bâtimens superbes, que cette province n'avait point connus sous les ducs ; Nanci, plus ornée encore, avait érigé en bronze une statue pédestre à *Louis XV*. Un peu plus loin, ils trouvaient à Reims une autre statue pédestre de ce même roi, deux figures représentant la ville de Reims, et le commerce embrassant le piédestal ; car ce monarque dédaigna toujours d'enchaîner des esclaves au pied de ses statues.

Nos savans enfin revenaient-ils par l'Italie et par la Suisse? Lyon leur offrait une statue de *Louis XIV*, la seule élevée à ce monarque, pendant sa vie, dans une ville de province ; encore ce monument ne fut-il achevé que sous *Louis XV;* la façade de l'Hôtel-Dieu, de neuf cents pieds de long, des quais sur le Rhône et sur la Saône, des places, des promenades, et le plus beau théâtre que l'on eût encore construit en France, excepté celui de Versailles que ce roi fit élever dans les dernières années de sa vie.

En s'avançant, nos savans voyaient à Dijon la statue équestre érigée à *Louis XIV*, onze ans après sa mort.

Dans quelque ville qu'ils passassent, ils trouvaient, ou des embellissemens, ou des monumens d'utilité publique, nouvellement édifiés.

A Orléans, un pont dont les arches décrivent un arc de cent quatre pieds d'ouverture.

A Neuilly, village voisin de Paris, un pont dont les arches ont une ouverture de cent vingt pieds.

Les chemins qui conduisent des extrémités de la France à Paris, surpassant en beauté ceux de l'ancienne Rome. Le double rang d'arbres qui les borde de chaque côté, offrant à la fois au voyageur un spectacle magnifique, un abri agréable contre les rayons du soleil, et au gouvernement une réserve dans la crainte de manquer de bois.

» A Paris enfin, qui, depuis le règne de François Ier accumulait des chefs-d'œuvre de tout genre, et qui s'est peut-être plus embelli sous *Louis XV* que sous Louis XIV, cependant plus vanté par son amour pour les arts.

La partie du faubourg Saint-Germain qui est au delà du Pont-Royal, le faubourg Saint-Honoré et le faubourg Montmartre, si féconds en palais bâtis sous *Louis XV*, le premier au commencement, les deux autres à la fin de son règne.

L'église de l'Oratoire, celles de Saint-Roch, de Saint-Thomas du Louvre, de Saint-Sulpice, de la Madelaine, comparables au moins à celles qu'on a bâties sous Louis XIV, et celle de Sainte-Geneviève infiniment plus belle.

La place de Louis XV, d'un genre nouveau ; la statue équestre qui la décorait, et la colonnade qui la termine.

Les Champs-Elysées.

La fontaine de Grenelle qui surpasse toutes celles qui avaient été construites sous le règne de Louis XIV, car celle des *Innocens* avait été édifiée sous le règne de Henri II.

La nouvelle salle de l'Opéra, le premier théâtre qui ait été construit avec dignité à Paris.

La Halle au blé, la Halle aux veaux.

La Bourse.

L'Hopital des Enfans-Trouvés.

L'Académie et l'amphithéâtre de chirurgie.

L'Hôtel des monnaies.

L'Ecole de droit.

L'Ecole militaire.

Les Boulevarts ; le plus superbe embellissement qu'on ait fait à Paris, depuis les quais magnifiques qui bordent la rivière.

A Versailles, l'Hôpital royal fondé aussi par Louis XV le 1er juin 1720.

Il serait à souhaiter qu'à la mort de chaque roi on écrivît ainsi ce qui s'est fait de grand et d'utile sous son règne ; qu'on le comparât à ce qui s'est fait de mémorable sous son prédécesseur ; qu'on pesât le bien et le mal, et qu'on examinât ce que la nation a perdu ou gagné sous sa domination.

Nous avons perdu, sous Louis XV, deux vastes provinces en Amérique ; nous en avons acquis deux en Europe, la Lorraine et la Corse.

Nous avons perdu quelques établissemens en Afrique ;

nous y avons acquis l'Ile de France, et nous nous sommes emparés du port de Mahé en Asie.

Nous avons fait plusieurs voyages de-la mer du Sud, nous y avons découvert beaucoup d'îles. Nous avons fait le tour du monde. Nous sommes parvenus à Taïti presqu'en même tems que les Anglais.

Nous avons été vaincus après avoir été vainqueurs ! Mais quel siècle a vu de plus belles campagnes que celles du *maréchal de Saxe*; une retraite plus mémorable que celle *de Belle-Isle* hors de Prague ; des exploits plus brillans que la prise du Port-Mahon, et que la défaite de quatre-vingt mille Indiens par trois cents Français ?

Dans quel tems tous les arts ont-ils fait à la fois autant de progrès que sous le règne de Louis XV ? Nous ne pouvons jeter les yeux autour de nous sans trouver des preuves de leur accroissement. Nos églises, nos maisons, nos spectacles, la distribution de nos appartemens, tout est devenu plus magnifique et plus commode.

Nos campagnes ont été couvertes de plus de moissons. Dans nos jardins et dans nos vergers, des arbres et des fruits étrangers se sont mêlés à ceux qui sont naturels à notre sol. Nos parterres se sont décorés chaque jour de fleurs nouvelles ; les chemins qui nous y conduisent sont devenus des allées superbes ; les voitures mieux suspendues à l'abri des moindres chocs. On a pu faire de longs voyages avec la plus grande célérité, et ne point sortir de son lit.

Passons-nous chez les étrangers ? nous voyons presque partout les chefs-d'œuvre de nos artistes.

Franchissons-nous les mers ? nous trouvons sur

l'Océan les vaisseaux des Anglais mêmes, construits selon les principes de *Bouguer*. Les nôtres ont rapporté dans nos ports des richesses immenses. Et, malgré nos dissipations, malgré l'or prodigué à tant de rois et de princes stipendiés par la France, malgré la guerre la plus malheureuse, nous avons eu plus d'abondance et de véritables richesses que sous *Louis XIV*, qui donna pourtant des fêtes plus belles que n'en donna *Louis XV*.

Louis XIV, entouré d'une foule nombreuse d'hommes de génie, de grands capitaines et d'artistes célèbres, imprima sur tout son règne le caractère de grandeur qui lui était propre : il influa prodigieusement sur sa nation et sur l'Europe entière : il sut inspirer à son peuple une telle ivresse de gloire, que la France était fière de l'avoir pour son roi, et que les éloges qu'on lui prodigua ne paraissaient point des flatteries.

Louis XV aimait aussi les arts ; il était instruit plus que Louis XIV. Il composa un livre du cours des fleuves ; il dessina des plans d'architecture ; il accueillait les savans.

Si Louis XV avait eu plus de confiance en lui-même, tout en eût été mieux. Son cœur était bon, son esprit était juste, mais son caractère était timide ; il ne savait pas se décider, il s'en rapportait trop à l'opinion d'autrui. C'était un fruit de son éducation. Parvenu au trône dans un âge où l'homme ne peut se conduire, on lui avait persuadé qu'il devait toujours en croire son conseil ou ses ministres plus que lui-même. Eh ! quel roi n'est pas un peu dans ce cas-là ? Quel prince ne craint pas de se charger lui seul de tous les événemens de son règne ?

Plus l'esprit de Louis XV était juste, plus il craignait d'avoir à répondre à sa conscience du succès d'une entreprise hasardée malgré son Conseil.

Il aimait la paix ; on le força à la guerre.

Il désirait surtout un calme profond dans l'intérieur de son royaume ; et il consuma son règne dans des divisions perpétuelles avec son clergé et ses tribunaux ; deux puissances cependant instituées pour maintenir la tranquillité chez les hommes.

Il aimait les savans et les hommes de lettres.

Il aimait les sciences naturelles, et il avait fait construire à Trianon un jardin de botanique.

Il s'éleva une guerre entre le clergé et les gens de lettres, entre les philosophes et la magistrature ; tandis que chaque magistrat en particulier ; des membres même du clergé se piquaient de philosophie. Dans cette lutte entre de tels adversaires, d'une part audacieux, d'autre part hypocrites, il était impossible que Louis XV ne fût pas trompé, et ne commît point d'erreurs.

Enfin, ce qu'a fait Louis XV, les fautes même qu'on lui a fait commettre, ont éclairé sur ce qui restait à faire dans l'administration intérieure, dans les lois et dans les finances, pour la prospérité de l'agriculture et des cultivateurs ; pour le rétablissement de la marine, pour le commerce, pour l'embellissement des villes, et pour apprendre à tolérer les opinions des insensés et celles des sages. Son règne aura du moins la gloire de nous avoir donné des notions justes, d'avoir fourni des modèles dans tous les arts, d'avoir produit des hommes dignes de servir d'exemple dans tous les genres, et d'avoir préparé toutes les voies au souverain qui voudra que sa nation soit la mieux gouvernée, la plus heureuse, peut-être même la plus célèbre.

Mais voici le grand argument des dépréciateurs de *Louis XV*. Ils se sont récriés, et ils se récrient encore sur les mœurs.

Forcé de convenir que la raison humaine s'est perfectionnée sous le règne de Louis XV, on a prétendu que les mœurs s'étaient corrompues : ce serait une étrange contradiction.

Mille auteurs l'ont répété, les uns pour se faire croire de grands philosophes, les autres pour se donner l'air de gens à bonnes fortunes, tous pour être éloquens ; car il faut bien moins d'art, et on a bien plus d'énergie quand on blâme que quand on loue.

L'impatience que causent aux hommes les plus légères souffrances (et c'est cette impatience qui a occasioné la révolution française) , les malheurs inséparables de l'humanité, leur font écouter avec avidité la peinture des désordres, des combats, des crimes. Il semble que, pour la plupart d'entre eux, le récit des vertus, des actions sages, des progrès de la raison, de la splendeur des Etats, et de la prospérité des nations, soit bien moins intéressant.

Cependant l'homme assez instruit pour comparer par la pensée les différens règnes des trois races de nos rois, avouera qu'il n'y a aucun de ces règnes où l'humanité ait joui de tant d'avantages, et qu'il y en a peu, s'il y en a, où elle ait éprouvé moins de maux : c'est d'abord un grand préjugé en faveur des mœurs sous le règne de *Louis XV*.

Il verra encore que les reproches que l'on fait à ce

règne, ont été communs à tous les siècles de la monarchie, et à toutes les nations riches et puissantes.

On reproche aux ministres de *Louis XV* d'avoir trop prodigué les lettres de cachet, les emprisonnemens et les exils, qu'ils ont eux-mêmes subis tour à tour. Les lettres de cachet ont été plus communes encore sur la fin du règne de *Louis XIV*. Sous Louis XIII, le ministère ne se bornait point à emprisonner légèrement, c'est le sang le plus noble qu'il prodiguait. D'autres règnes ont vu commettre de plus grands crimes avec moins de scrupule.

Le ministère ne fut jamais cruel sous Louis XV. Le cardinal de *Fleuri* laissa la réputation d'un homme doux et modéré, incapable de commettre une action de barbarie. Ses successeurs ne furent guère plus sévères. Le duc de *Choiseul* eut un esprit étendu et hardi.

On a reproché aux tribunaux d'avoir fait périr quelques innocens, comme les Calas. Le malheur le plus effrayant pour l'humanité est sans doute de voir ces asiles de l'innocence devenir quelquefois l'écueil où elle se brise; et, pour comble de malheur, tous les tribunaux, dans tous les tems, ont commis de semblables fautes.

Ceux de la France n'ont peut-être jamais réuni à la fois tant d'hommes éloquens que sous le règne de *Louis XV*. Jamais ils n'ont produit une tête plus philosophique que celle de *Montesquieu*, quoique le président de *Thou* et le chancelier *de l'Hôpital* eussent montré, dans des tems de férocité, quelques traits de cette philosophie tolérante et universelle dont s'honore le siècle de *Louis XV*. Le parlement de Paris, qui se divisa du

tems de la Ligue et du tems de Charles VI, fut inébranlable dans ses derniers revers ; sa constance et son union
ont fait dire à un Anglais qu'il était bien glorieux pour
nous que le roi de France n'eût jamais pu corrompre
un seul membre de son parlement, tandis que le roi
d'Angleterre corrompait avec tant de facilité tous les
membres du sien.

Si quelques jeunes conseillers ont affecté de l'incon-
duite, et ont donné quelques scènes scandaleuses, ce
n'est point de légèreté dans les mœurs qu'on accuse la
magistrature sous le règne de *Louis XV* ; c'est plutôt
d'une austérité trop âpre et d'une antipathie si forte
pour toute innovation, qu'elle lui a fait rejeter quelquefois des changemens utiles et des nouveautés avanta-
geuses.

On a reproché justement aux gens de lettres une
vanité ridicule, une jalousie basse, une critique amère :
cela fut de tout tems. Cependant les gens de lettres ont
eu un peu plus d'égards les uns pour les autres ; ils se
sont moins prodigués les invectives ; beaucoup d'entre
eux, comme *Fontenelle*, *Montesquieu*, *d'Alembert* et
Buffon, se sont imposé la loi de ne répondre jamais à
aucune critique.

On a fait aux ecclésiastiques à peu près les mêmes
reproches qu'on leur a faits dans tous les tems ; ils n'ont
peut-être jamais été si peu fondés : si quelques-uns ont
eu des mœurs licencieuses, celles du clergé en général
ont été décentes. Jamais il n'avait autant contribué aux
besoins de l'État. En vain quelques théologiens, soute-
nant avec trop de chaleur le système des deux puissances, ont appelé la foudre et le glaive de la justice

sur la tête des incrédules ; l'esprit du corps entier a été plus modéré ; quelques évêques dans leurs mandemens, ont parlé de tolérance ; les querelles toujours trop vives, trop honteuses, n'ont point dégénéré en persécutions sanglantes, en guerres civiles, comme sous les règnes précédens, parce que *Louis XV* était doux et humain. Heureux si elles s'étaient épuisées tout-à-fait en de vaines clameurs, si elles n'eussent pas fait commettre à un insensé (à Damien) le plus horrible des crimes ! Que l'on compare ensuite la destruction de l'ordre des Templiers, et celle des Jésuites ! On se contenta de disperser les Jésuites hors de leurs cloîtres, et de leur défendre de s'assembler, de porter l'habit de leur ordre ; et on donna des pensions alimentaires à ceux qui jurèrent d'obéir au roi, et de ne plus se considérer comme membres du corps qui venait d'être dispersé.

Que l'on compare la discipline des troupes de *Louis XV* à la discipline de ces tems où *la Hire* disait que *si* Dieu *descendait sur terre, et se faisait guerrier, il deviendrait pillard*, à la discipline de ces tems où la plaisanterie à la mode parmi les soldats qui couraient la campagne était d'enfermer le mari dans la huche, tandis qu'ils violaient la femme sur le couvercle, en insultant aux cris désespérés de l'un et de l'autre !

Sous *Louis XV*, la jeunesse militaire a été mieux contenue, surtout dans la capitale, qu'elle ne l'était sous Louis XIV : des vieillards, pendant le règne de *Louis XV*, racontaient encore les désordres qu'elle causait dans leur enfance ; ils citaient des traits de sa licence envers de simples citoyens, et ils félicitaient leurs contemporains de n'y être plus exposés.

Depuis *François Ier* jusqu'à *Louis XIV*, le goût des procès et des duels a duré avec fureur. On en a vu bien moins sous *Louis XV*.

Sur les mœurs des Françaises du tems de ce roi, on a déclamé avec une extrême exagération.

Il est vrai que l'adultère, justement proscrit par les lois et par la religion, n'est pas plus un crime dans nos mœurs qu'il ne l'était à Sparte, qu'il ne l'était dans Rome sous l'empire des Césars, qu'il ne l'est aujourd'hui dans les grandes villes de l'Europe ; car les lois, la religion et les mœurs, sont partout en contradiction.

Dans l'impossibilité de rendre chastes les hommes aussi bien que les femmes, il a fallu, pour empêcher qu'il n'y eût autant et même plus d'atrocités sanguinaires que de faiblesses, étouffer la jalousie et lui arracher le poignard de la main, en rendant ridicule tout mari et tout amant trompé, qui s'emporte et qui fait un scandale public d'une intrigue secrète, réelle ou présumée. C'est ce que *Molière*, *La Fontaine*, et un grand nombre de philosophes anciens et modernes, ont bien compris.

L'instinct qui emporte un sexe vers l'autre est l'appétit le plus violent que la nature ait donné à l'espèce humaine ; malheureusement on ne le réduira pas à n'agir que vis-à-vis un seul individu, surtout dans une grande ville, chez un peuple nourri de mets succulens qui irritent cet appétit.

Les peuples dont on nous vante la pureté n'avaient point d'annales. Ont-ils des historiens ? on les retrouve semblables aux autres peuples sur ce vœu constant de la nature. Mais il est vraisemblable que des peuples agrestes, livrés à des travaux pénibles, nourris d'ali-

mens grossiers, ou cherchant avec inquiétude une sub-
sistance rare, auront des mœurs sévères et chastes ;
chez eux les organes de la sensualité sont peu dévelop-
pés et peu excités ; et l'imagination, qui agit si puis-
samment sur ces organes, est sans chaleur et sans vie ;
elle n'éveille, ni les désirs, ni les caprices, ni le sentiment.

Cependant, à Paris même, sous le règne de *Louis XV*,
l'adultère n'a pas été aussi commun, et les mœurs en général aussi licencieuses qu'on l'a prétendu. Et, en les
comparant à celles des autres siècles de la monarchie,
elles paraissent infiniment moins dépravées.

Autrefois elles étaient, non-seulement plus grossières
et plus cruelles, mais encore plus lubriques et plus
obscènes. Le nom de nos rues, tout défiguré qu'il est,
atteste encore la turpitude des mœurs de nos ancêtres.
Saint-Louis, ce roi si pieux, si chaste, voulut en vain
bannir la débauche de Paris, de la cour et de l'armée.
En Egypte, derrière sa tente même, on établit un lieu
de prostitution.

On ferait frémir d'horreur et de dégoût si on rapportait les principaux traits échappés à l'obscurité qui heu-
reusement en couvre le plus grand nombre.

On sait les dépravations de la cour de *Catherine de
Médicis*. *De Thou*, dans son cinquante-deuxième livre,
rapporte que, le lendemain de la Saint-Barthélemy, les
femmes de cette cour sortirent du Louvre pour con-
templer les corps nus des huguenots qu'on avait jetés
sous ses murs après les avoir dépouillés, et que quelques-unes eurent l'impudence d'examiner celui du baron
de Pont, qu'on avait accusé d'impuissance.

Si nous jetons un coup d'œil sur le tems de la Ligue nous apercevons des faits encore plus révoltans :

« Les dames qui préféraient la conservation de leur
» vie à celle de leur honneur faisaient bien d'accorder
» de bonne grâce leurs faveurs au chevalier d'Aumale ;
» car, partout où il trouvait de la résistance, et où il
» était le plus fort, il violait tout autant de femmes,
» de filles et de religieuses qu'il pouvait : outre plu-
» sieurs dames de ses bonnes amies, auxquelles il jetait
» des dragées musquées à travers une sarbacane pen-
» dant les processions nocturnes de la Ligue, en février
» 1589, il était des mieux avec mademoiselle de Sainte-
» Beuve, sa cousine, laquelle, un jour entre autres,
» le prit sous le bras pour s'aider à passer par l'église
» de Saint-Jean de Grève : et il sut bien se prévaloir
» de la manière négligée dont elle était vêtue, pour se
» permettre avec elle, dans l'église même, certains at-
» touchemens qui devaient au moins être différés jus-
» qu'à ce qu'ils fussent autre part dans le tête-à-tête. »
(*Remarques sur la satire Ménippée*, tome II, pages 401
et 402, édition de 1726.)

Les excès du chevalier d'Aumale sont plus naïvement raconté par l'auteur d'un écrit intitulé : *Conseil salutaire d'un bon Français aux Parisiens*, etc.

« Avez-vous pas souvenance qu'en vos processions
» solennelles, qui se sont faites tout le long de l'hiver
» en vostre ville, ce bon religieux se trouvoit ordinai-
» rement ou aux grandes rues, ou mesmes aux églises,
» pour se mocquer de vos dévotions ? Tesmoins les dra-
» gées musquées qu'il jetoit au travers d'une sarbacane
» aux demoiselles qui avoient des gants ou des Heures

» à la main, des chapelets à la ceinture, ou quelque
» ruban de couleur à leurs souliers, pour estre par luy
» reconnues en passant, et quelquefois reschauffées,
» et réfectionnées des collations magnifiques qu'il leur
» apprestoit, tantost sur le Pont-au-Change, autrefois
» sur le Pont Nostre-Dame, en la rue Saint-Jacques,
» et partout ailleurs. Je m'en rapporte à la Sainte-
» Beuve, sa cousine, laquelle alloit ambitieusement à
» ces processions, couverte tant seulement d'une fine
» toile, avec un point coupé à la gorge, et, une fois
» entre autres, fut si indiscrète qu'elle se laissa mener
» par dessous le bras au travers de l'église Saint-Jean;
» et n'y eut respect, ni du lieu, ni de la compagnie,
» qui empeschast certains attouchemens qui se firent
» par ces dévotieuses personnes, au grand scandale de
» ceux principalement qui alloient de bonne foy en ces
» assemblées...... Ce bouclier de la Ligue, lequel, après
» avoir fait piller plusieurs bonnes maisons de vostre
» ville....., entra en des maisons où il ne trouva que
» quelques dames et damoiselles, femmes d'honneur et
» de vertu; lesquelles, en l'absence de leurs maris, gens
» de cœur et de qualité, il prit à force; et, après les
» avoir violées, les abandonna à ses soldats. Conti-
» nuant ses exploits, il arriva à Poissy, où il visita les
» religieuses...... Le lendemain il entra à Fresnes, où,
» après avoir fait tuer (et piller)....., on pensoit, à rai-
» son de son ordre et de la religion qu'il fait semblant
» de tenir, qu'il espargneroit, pour le moins; et feroit
» conscience de toucher à une fort belle chapelle.......;
» mais cet enragé, sitost qu'il y fut entré, commença
» luy-mesme à arracher les armoiries de France, les

» tableaux, et tout ce qu'il put...... Après cela, pour
» rendre la mémoire de sa venue plus infâme et remar-
» quable, jamais il n'en voulut point sortir qu'il n'y
» eût fait son ordure; et ses satellites continuèrent à en
» faire un privé...... J'adjouterai seulement ici sa venue
» aux fauxbourgs de la ville de Tours, qui fut le lundi
» huitième jour de may dernier...... Au mesme instant
» furent trouvées quelques quarante ou cinquante, tant
» femmes que filles, qui s'estoient cachées dans une
» cave, lesquelles furent toutes violées comme par tout
» le reste du fauxbourg; et mesme dans l'église quelques
» femmes et filles, qui s'estoient réfugiées pour se mettre
» en seureté, furent forcées, en la présence de leurs
» maris et de leurs pères et mères, que ces bourreaux
» contraignoient d'assister à ce spectacle pour les ou-
» trager davantage. Je vis le lendemain des licts qui es-
» toient encore sur le carreau, où le vicaire me dit avoir
» vu jeter et traîner les filles et femmes par les cheveux.
» Quant à vostre désespéré, il eut pour butin une jeune
» fille d'une honneste maison, que je ne veux nommer,
» aagée seulement de dix à onze ans; laquelle fut trou-
» vée dans un grenier, et par luy forcée, luy tenant
» tousjours le poignard à la gorge, à raison de la résis-
» tance qu'elle luy faisoit, et puis l'envoya à ses offi-
» ciers pour en abuser de mesme...... Après tous ces
» actes tels que les avez ouïs, en sortant le lendemain
» matin, chacun pour payer son hoste met le feu en sa
» maison, de manière que huit jours après il n'estoit
» encore du tout esteinct. Ces cruautez ont été conti-
» nuées en tous les logis qu'ils ont faict depuis, mesmes
» ès-religieux de nonnains. » (Voyez aussi le *Journal*

du règne de Henri III, en février 1589 , édition de 1699 ; *De Thou*, tome IV, livre 94 ; et *Mémoires de la Ligue*, tome III, page 444.)

Voltaire n'ignorait pas les profanations commises par le chevalier d'Aumale, lorsqu'après son poëme de *la Henriade*, qui suppose la connaissance de tous les événemens et de tous les personnages de la Ligue , il a composé le poëme complètement immoral et impie, dans lequel il sacrifie toute pudeur , toute vérité historique , et la gloire de la France : il est vraisemblable que le chevalier d'Aumale lui a fourni la scène du viol des religieuses dans le sanctuaire , et le caractère de Jean Chandos.

Je ne cite que les exemples de quelques personnes du plus haut rang , parce que dans les autres rangs les exemples sont si multipliés qu'on en remplirait des volumes , quoique leur obscurité en ait plongé le plus grand nombre dans l'oubli : on sait que dans tous les tems , comme aujourd'hui , ce sont les classes inférieures qui produisent et renouvellent sans cesse la bourbe des filles dissolues. Mais il ne fallait pas moins qu'une révolution telle que la nôtre , pour reproduire les scènes du chevalier d'Aumale et de ses satellites , et les scènes plus abominables encore de ces prostituées étalées toutes nues à la place du tabernacle , et d'autres scènes tout-à-fait infernales. Du tems de la Ligue , les crimes dont nous parlons n'étaient qu'individuels : pendant notre révolution , c'étaient des scandales autorisés , favorisés , célébrés par la *Convention* dite *nationale* , par les clubs , par les sociétés populaires , par des savans , par des coryphées littéraires se disant philosophes, et par la commune de Paris : c'est par suite de cet infernal délire, qu'après six ans d'efforts pour rétablir, sous les auspices du souverain légitime, la morale publique, un de nos temples, à la vue des fidèles rassemblés, vient d'être souillé d'une de ces profanations qui ne seraient pas même tolérées dans les plus infâmes repaires de la débauche, une profanation que la plume ne peut retracer, une profanation contre laquelle les anciens peuples, barbares ou civilisés, les hommes de toute secte et de toute religion, n'auraient pas cru pouvoir décerner un assez terrible supplice. On conçoit de pareilles horreurs pendant l'effervescence des ligues, des partis, des guerres civiles et des révolutions ; mais on n'en conçoit la possibilité dans la restauration et la pacification d'aucune espèce de gouvernement.

La Ligue avait fait rétrograder les mœurs adoucies sous les précédentes races de nos rois.

La révolution a bien fait autrement rétrograder les mœurs publiques et particulières, progressivement améliorées sous les Bourbons, depuis le 22 mars 1594, jour de l'entrée de Henri IV à Paris, jusqu'au mois de juin 1789, époque de la révolte de nos derniers états-généraux.

Les débauches des Ligueurs ont autorisé le supplice de trois membres du parlement de Paris (le président Brisson, les conseillers Tardif et Larcher) et le supplice de quatre individus de la faction des *Seize* ; elles ont été précédées des massacres de la Saint-Barthélemy, elles ont donné lieu à beaucoup d'autres assassinats, et à des guerres de parti, où l'on a vu figurer Français contre Français, appuyés seulement

de quelques troupes anglaises , suisses , italiennes, es-
pagnoles ; et le théâtre de ces guerres n'a pas eu plus
d'étendue que la France. La Ligue a été soudoyée de
l'or de l'Espagne ; et si on en croit les calculs de
Philippe II, ce qu'il en a coûté à cet ennemi de
Henri IV étonne l'imagination ; ensuite la presque
totalité de cet or est restée en France. Enfin, les fureurs de la Ligue ont détruit quelques armoiries et quelques habitations, pertes déplorables sans doute , mais
faciles à réparer.

Les sacriléges profanations de nos révolutionnaires
ont été précédées, accompagnées, suivies ; pendant un
grand nombre d'années, de l'effusion du sang humain ,
versé chaque jour par torrens dans les temples, dans
les palais de nos rois, dans les villes, dans les campagnes, dans les prisons, sur les places, sur la terre
et sur l'onde, avec des raffinemens persévérans , réflé-
chis et combinés de cruauté inouie, et AU NOM DES
LOIS ! L'extermination a frappé la famille royale, le
clergé, la noblesse, le parlement tout entier, les offi-
ciers et les soldats fidèles de l'ancienne armée ; les religieux de l'un et de l'autre sexe, toutes les professions
civiles, les savans et les ignorans, en un mot les plébéiens de même que les patriciens, après quoi les révolutionnaires se sont entre-dévorés. Cette extermination
a été accompagnée, suivie, d'une spoliation générale ,
d'une infinité de pillages partiels, de la destruction des
édifices et des autres monumens qui embellissaient la
France, destruction encore continuée sous nos yeux
par des misérables tout-à-fait dignes d'être appelés col-
lectivement la *bande noire* , et que des sophistes semblent

encore encourager par l'espèce de regrets qu'ils expri-
ment de leur voir échapper le château de Chambord ;
sans compter les assassinats particuliers, le sacrifice de
douze millions d'hommes immolés pendant vingt-quatre
ans dans les combats, et les autres innombrables calamités d'une guerre qui a eu pour théâtre l'Europe entière et une partie de l'Amérique, guerre universelle où
il n'a pas même été permis d'assujétir la destruction à
l'espèce d'égards réciproques dont tous les peuples
avaient depuis long-tems reconnu la nécessité, pour
mettre au moins quelques bornes aux horribles excès de
la guerre.

Il ne serait pas inutile de faire le parallèle des crimes
de la Ligue et des crimes de la Révolution. Henri III a
été inopinément assassiné, dans son palais, par un scélérat fanatique. Le plus vertueux des hommes, Louis XVI,
après un procès commencé à la révolte des Etats-généraux, et terminé par une *Convention* dité *nationale*, a
été solennellement conduit et assassiné sur un échafaud, au nom d'une Loi..., au nom et sous les yeux du
peuple français !

Toute insurrection, même momentanée, que le gouvernement soit monarchique, républicain, ou mixte,
est une infraction à la morale publique ; mais à une infraction passagère on peut apporter un prompt remède.
Mais une révolution, qui est (comme ses apôtres le savent bien) nécessairement une continuité d'insurrections, déprave profondément et radicalement le cœur et
les habitudes de l'homme ; elle détruit tous les principes et les seuls solides ressorts de l'ordre public.
Comme les maladies chroniques usent l'organisation

animale, elle fait pour long-tems rétrograder la morale ;
et ses résultats pour l'avenir sont aussi funestes que son
action présente et immédiate. C'est ainsi que nous nous
sommes jetés dans des excès plus déplorables et plus
nombreux que ceux de la Ligue. Et après tout, au point
où nous en sommes revenus, ce n'était pas la peine de
commettre et de souffrir tant de crimes. Et nous voulons
que la Providence soit tellement indulgente que l'im‑
punité de nos crimes achève de nous ôter toute idée et
tout sentiment de justice ! Nous voulons qu'elle nous
rende tout d'un coup le bonheur et la prospérité que
nous avons sacrifiés au désordre ! Prions pour que ses
derniers vengeurs nous aient apparu dans le gouverne‑
ment de Buonaparte, et dans les ministres qui se sont
joués de nous depuis 1814.

Pour comparer les siècles, tenons-nous en aux faits
publics, à ceux qui ont une influence un peu générale,
et qu'on peut le moins contester.

Les mœurs domestiques, sous le règne de *Louis XV*,
ont mieux valu que sous les règnes précédens. Les mœurs
publiques ont eu au moins plus de décence, et elles
n'ont été souillées d'aucun grand crime.

On a prétendu, on a imprimé que la nation entière
s'était efféminée sous le règne de *Louis XV*. Jamais
siècle, jamais peuple n'a moins mérité ce reproche. Il
n'y a pas jusqu'à nos peintres, jusqu'à nos musiciens,
qui, pour se perfectionner dans leur art, n'aient fait
communément des voyages de sept à huit cents lieues.
Qu'on interroge les sauvages du Canada et les nababs
de l'Inde ; qu'on leur demande si la noblesse française
leur parut efféminée quand elle combattait, pour ou

contre eux, dans les plaines brûlantes du Mogol ou sur les glaces de l'Acadie !

Ces hommes de paix, élevés pour l'étude, dans le silence du cabinet, se trouvèrent-ils efféminés quand, sous le cercle polaire, sous l'équateur, ou sous le tropique, ils traversaient les mers, ils gravissaient les montagnes, ils bravaient également les sauvages, les bêtes féroces, le froid du pole, et les ardeurs de la zone torride, quand ils mesuraient le globe et qu'ils en faisaient le tour ?

Des femmes même ont déployé une force et un courage virils ; plusieurs ont pris l'habit d'homme, ont servi dans notre marine, dans nos troupes, et s'y sont distinguées par leur vaillance.

Le luxe a été moins grand à la cour de *Louis XV* que dans les belles années du règne de *Louis XIV*. Nos princes et nos ducs n'ont plus marché avec un nombreux cortége de carrosses et une longue suite de gentilshommes armés, comme jusqu'alors il avait été d'usage. En tout, on a préféré ce qui est commode à ce qui n'est que fastueux. Le luxe, qui jadis chez les grands n'était quelquefois que le fruit de la guerre et de la rapine, a passé, il est vrai, à la bourgeoisie, pour prix de son travail et de son industrie ; il a rapproché les conditions, et il a diminué les haines que l'envie semait entre elles.

Ceux qui ont blâmé les gens de condition d'avoir épousé des filles de négocians et de financiers, n'ont pas considéré que ces mariages adoucissent l'orgueil de la noblesse ; qu'ils apprennent aux roturiers à connaître d'autres biens que les richesses ; qu'ils font élever avec plus de soin les enfans des bourgeois, et avec plus de modestie ceux des nobles; qu'ils lient toutes les condi-tions, qu'ils détruisent ce mépris stupide et barbare, cette inimitié sourde, qui régnaient autrefois entre les divers états de la société, et qui facilitaient les soulève-mens et les révoltes; qu'ils enseignent aux hommes à s'estimer par leurs qualités personnelles, plutôt que par leurs titres et leur fortune; que si les patriciens. et les plébéiens sont des frères qui doivent s'aimer pour servir l'Etat, le mariage est le lien le plus doux et le plus sûr qui puisse les unir.

Cette liaison entre les citoyens, cette tolérance dans les idées, ces progrès dans les mœurs, n'empêchent pas qu'il ne se soit commis beaucoup de mauvaises actions; comme les progrès dans les sciences et dans les arts n'empêchent pas qu'il ne se fasse beaucoup de mauvais livres, de mauvais tableaux, et d'autres mauvaises pro-ductions.

Il y aura toujours des plaintes, parce qu'il y aura toujours des causes de douleur chez les hommes; parce qu'ils craindront toujours le mal; parce que toute la constitution sociale n'est qu'une réclamation conti-nuelle contre le mal.

J'ai dit en deux mots ce que Louis XV a fait pour la chirurgie, qui ne fut jamais dans un état si brillant que sous son règne, et qui lui doit les progrès extraordi-naires qu'elle a faits depuis.

Nous ne connaissons ni législateur, ni philosophe, ni roi, ni empereur, ni chef de république, qui ait étendu plus loin ses sollicitudes pour le bonheur des hommes, et qui ait mis aussi peu d'ostentation dans le bien qu'il a fait : point de prince plus majestueux avec moins de fierté, plus ennemi de la fausse gloire toujours insultante et meurtrière.

Il ne dédaigna pas de s'occuper des maladies des animaux. On lui doit les premiers établissemens et les progrès de la médecine vétérinaire. *Bourgelat*, l'un de ses écuyers, ouvrit à Lyon une école où il enseigna l'art de les guérir. *Louis XV* la prit sous sa protection, lui donna le nom d'Ecole royale en 1762, et lui fit bâtir une maison près de Paris.

C'est encore de son règne que date en France la prodigieuse institution où l'on parvient à faire parler les sourds-muets, à leur donner des idées et des connaissances qui semblaient devoir leur être à jamais inconnues. C'est sous *Louis XV* que l'abbé de *l'Epée* a surpassé ce qu'avait fait *Péreire*, médecin espagnol ; et progressivement c'est de nos jours que M. l'abbé *Sicard*, disciple de l'abbé de *l'Epée* a surpassé son maître.

Louis XV achetait les découvertes et les secrets utiles, et les donnait à son peuple. Tous les autres peuples en profitaient.

Il a acheté les découvertes et les secrets nuisibles, mais pour les étouffer. Voici, sur cet article, l'exemple le plus rare, le plus difficile et le plus incomparable, qui ait été donné au monde.

« Si *Louis XV* avait eu l'ame ambitieuse et cruelle,
» la France aurait peut-être la triste gloire d'avoir fait,
» dans l'art militaire, une révolution aussi grande que
» celle qu'a produite, il y a quelques siècles, la poudre
» à canon.

» Un Dauphinais, nommé *Dupré*, qui avait passé sa

» vie à faire des opérations de chimie, inventa un feu
» si rapide et si dévorant, qu'on ne pouvait ni l'éviter,
» ni l'éteindre : l'eau lui donnait une nouvelle activité.
» Sur le canal de Versailles, en présence du roi, dans
» les cours de l'Arsenal à Paris, et dans quelques-uns
» de nos ports, on en fit des expériences qui firent
» frémir les militaires les plus intrépides, comme les
» effets de la poudre à canon faisaient trembler les an-
» ciens chevaliers, tels que *Bayard* lui-même qui avait
» cette invention en horreur.

» Quand on fut bien sûr qu'un seul homme, avec un
» tel art, pouvait détruire une flotte, ou brûler une
» ville, sans qu'aucun pouvoir humain y pût donner le
» moindre secours, le roi défendit à *Dupré* de commu-
» niquer son secret à personne. Il le récompensa pour
» qu'il se tût ; et cependant ce roi était alors dans les
» embarras d'une guerre funeste ; chaque jour il faisait
» des pertes nouvelles ; les Anglais le bravaient jusque
» dans ses ports : il pouvait les détruire, mais il craignit
» d'augmenter les maux de l'humanité ; il aima mieux
» souffrir. On n'a peut-être jamais fait une action plus
» magnanime : la gloire même n'en pouvait être la ré-
» compense. »

Tous ses détracteurs ensemble n'auraient pas eu l'ensemble de ses vertus ; le moins imparfait d'entre eux aurait eu plus de vices, et aurait commis plus de fautes.
La vertu, pure et sans tache, n'existe pas sur la terre.
Un homme tel que Louis XV est l'honneur de l'humanité ; il n'est point de dynastie qui ne s'honorât d'un
tel prince. Malgré ses détracteurs, et malgré les faiblesses du vieillard qui se consume au foyer des jouis-

sances dont l'intensité compense la courte durée, Louis XV reprendra un rang élevé parmi les bienfaiteurs du genre humain. Paris, la France, reverront ses statues ; et les deux Chambres orneront leur enceinte des images de ce *Bien-Aimé* dont les fautes ne sont venues que d'avoir trop aimé. M. de Châteaubriand s'est imposé l'obligation de refaire le siècle et l'éloge d'un roi si humain ; il sait mieux que moi dans quelles sources il doit puiser pour composer un nouveau chef-d'œuvre ; et on me saura gré, lui-même me saura gré de ma critique de son premier chapitre du panégyrique de Monseigneur le duc de Berri. Ce n'est donc pas à lui que j'indiquerai l'ouvrage intitulé : *Aux mânes de Louis-XV*, etc., ou *Essai sur les progrès des arts et de l'esprit humain, sous le règne de Louis XV*, imprimé *aux Deux-Ponts, à l'imprimerie ducale, en* 1776. C'est aux jeunes gens, dont on égare l'esprit et le cœur par des notions, ou partiales, ou partielles, ou isolées, que je l'indique, et que j'en recommande la lecture, en attendant le nouveau chef-d'œuvre dans lequel M. de Châteaubriand, sans doute, n'oubliera pas de réfuter les deux grands paradoxes, et les petits paralogismes qu'il renferme.

Ce n'est point un préjugé, ce n'est pas la flatterie, qui élèvent au dessus de la vertu des particuliers la vertu des rois. Isocrate fait cette importante remarque dans son discours sur les devoirs de la royauté. Les particuliers, par la médiocrité de leur état, par les travaux et les besoins qui en sont inséparables, par les malheurs où souvent ils se trouvent exposés, par l'éloignement des délices et du luxe, et surtout par la liberté qu'ont leurs parens et leurs amis de leur donner des conseils, ont bien plus de secours pour la vertu que les princes à qui manquent, ordinairement tous ces avantages. Et en même tems que ces secours manquent aux princes, leurs passions sont infiniment plus excitées par les moyens qui sont à leur disposition, par les occasions qui se présentent en foule, et par les intrigues, les piéges, la corruption des ambitieux qui les environnent. Les particuliers, pour obtenir des jouissances, sont obligés de chercher et de courir après les moyens et les occasions. Les jouissances courent après les princes, et les séductions les circonviennent; par conséquent leurs vertus sont plus dignes d'admiration, et leurs fautes plus excusables.

Il y a long-tems qu'on a dit qu'un homme parfait n'aurait aucun rapport avec les autres hommes. C'est pourquoi la Providence n'a envoyé qu'un homme-dieu, et ce n'est que par l'effusion de son sang et par son testament qu'il a pu régner. La Providence est même avare d'hommes presque parfaits: On cite, parmi ceux qui ont regné, Titus, Antonin le Pieux; mais à la rigueur, il serait difficile d'en citer d'aussi parfaits que Marc-Aurèle, Louis IX et Louis XVI.

Quel homme que Louis XVI! l'un des plus vertueux qui aient paru sur la terre, et tellement vertueux, que ses ennemis, désespérés de ne pouvoir lui trouver aucun vice, se sont vus réduits à lui faire un crime de la principale vertu dont Isocrate fait un précepte en écrivant à Nicoclès: « Conservez la religion que vous » avez reçue de vos pères, mais comptez que le culte

» et le sacrifice le plus agréable que vous puissiez of-
» frir à la Divinité, c'est celui du cœur en vous ren-
» dant bon et juste. »

Eh ! quelles marques, quelles preuves de justice et
de bonté, Louis XVI n'avait-il pas données, depuis
son enfance jusqu'à l'époque où il assembla les États-
généraux, et de cette fatale époque jusqu'à l'horrible
sacrilége commis sur sa personne ?

Je les rapporte ici dans les termes que mon dévouement m'a inspirés, lorsque je les ai citées dans ma lettre
du 12 novembre 1792 à la Convention *dite* nationale, et
parce que le souvenir de ce dévouement pour le meilleur
des hommes et des rois est ma seule consolation.

« Citoyens, les vertus de Louis XVI, depuis long-
» tems avaient prévenu le vœu national, lorsqu'il as-
« sembla les États-généraux.

» Sa vie privée avait été un modèle de continence,
» de modestie, de droiture, de justice, d'application
» au bien public, d'économie, de bienfaisance envers
» les malheureux dont il avait pu connaître les besoins,
» et de sollicitude pour découvrir tous ceux dont la
» misère ne lui était pas connue.

» Son premier pas, en montant au trône, avait été
» marqué par un bienfait, et son auguste compagne
» n'y avait pas été étrangère. Comblée des dons de la
» nature, cette princesse n'avait pas eu besoin d'or-
» nement factice ; la nation ne lui avait payé qu'un tribut
» d'amour et de reconnaissance ; et la joie publique,
» qui devait être pour nos rois et pour nous d'un plus
» heureux présage, avait remplacé *le droit de joyeux avè-*
» *nement* qui jusqu'alors n'avait été qu'un *impôt*.

» Sur le trône, Louis XVI, incorruptible, avait
» constamment pratiqué la morale et la religion. Ses
» vertus domestiques avaient été rehaussées de l'éclat
» des vertus royales les plus héroïques.

» Il n'avait pas suffi à son cœur de multiplier les
» actes de clémence qui sont le plus bel apanage de la
» royauté, et qui jusqu'alors avaient été déterminées
» par les chances trop vagues et trop accidentelles de
» la faveur, des sollicitations et des circonstances. Pure
» image du roi du ciel, ce bon roi, si vertueux, si en-
» nemi du crime, avait voulu que les criminels, tout
» en expiant leurs forfaits, que les criminels que la loi
» humaine ne peut absoudre sans danger, se ressen-
» tissent de la clémence. Au lieu du désespoir que l'a-
» trocité des supplices ajoutait aux remords, il avait
» voulu que le remords amenât le repentir, et que la
» confiance préparât l'œuvre de la miséricorde. Sou-
» tenu par les forces réunies de l'humanité, de la jus-
» tice et de la religion, contre le dogme désespérant de
» la fatalité, il avait résolu l'inextricable énigme qui
» jusqu'alors avait résisté aux combinaisons de l'ordre
» social ; mais c'était pour l'innocence surtout que
» Louis XVI avait aboli la torture et la question pré-
» paratoire : il serait mort de douleur si on eût fait
» périr, au nom des lois, un innocent sous son règne.
» Il avait aboli la peine de mort portée contre les
» déserteurs : il avait senti qu'une peine mitigée doit
» suffire pour expier la désertion. Il avait détruit tout
» ce qu'il y avait de barbare dans la position des hommes
» qui sacrifient leur existence pour la patrie, et qui,
» dans un moment de faiblesse inséparable de la nature

» humaine, trouvaient encore la mort loin du champ
» de bataille.

» Ce roi, dont la continence et la chasteté sont si
» pures ; ce roi, toujours si opposé à l'irrégularité des
» mœurs, mais qui ne pouvait empêcher les désordres
» secrets, avait voulu que du moins les faiblesses ne
» devinssent plus des sources de crimes. La honte, en
» allumant le désespoir, multipliait les infanticides.
» Louis fit des établissemens où le repentir et la honte
» pourraient déposer, sous un voile impénétrable, le
» fruit de la faiblesse.

» Il avait supprimé la corvée (1); et, dans ses do-
» maines, il avait supprimé la dîme, la main-morte,
» tout ce que la féodalité avait d'oppressif et d'humi-
» liant.

» Il avait porté l'écouomie et la simplicité dans
» toutes les parties de l'administration.

» Ennemi du faste, confiant dans l'amour de son
» peuple, il avait réformé sa maison militaire.

» A la complication des coutumes et des lois an-
» ciennes, qui tenaient dans de continuelles contradic-
» tions les campagnes, les villes, les provinces, et qui
» entravaient le gouvernement et le bonheur public, il
» s'était proposé de substituer une sage uniformité qui
» aurait embrassé les lois civiles et criminelles. Ce roi,
» dont le génie et la science ne sont méconnus qu'à
» cause de son extrême modestie (2), s'est élevé aux plus

(1) Louis XV, par l'organe de plusieurs intendans, avait déjà
entrepris cette suppression.

(2) Nulle connaissance n'était étrangère à Louis XVI. On sait

» hautes méditations : il a vu, comme René Descartes
» (patriarche de notre philosophie), la perfection en
» tout genre dans l'unité de principe, de loi, d'action;
» et il en a regardé la multiplicité comme le signe le plus
» certain de la corruption intellectuelle, morale et po-
» litique, comme la cause la plus immédiate des mal-
» heurs publics et de la dissolution des empires.

» L'histoire a consacré les constans efforts de nos
» rois, depuis Louis IX, pour l'accomplissement du
» chef-d'œuvre de toute législation, qui consiste dans le
» bonheur du plus grand nombre des gouvernés. Mais
» ces efforts étaient encore loin d'avoir atteint le but
» proposé : ils n'offraient à la postérité qu'un monu-
» ment de la bienveillance de nos rois ; lorsque
» Louis XVI voulut consommer, lui seul, ce que
» n'avaient pu tous ses prédécesseurs.

» Tant de bienfaits, qui auraient suffi pour la gloire
» de plusieurs législateurs, et qui cependant ne lui
» avaient coûté ni contrainte ni efforts, ne suffisaient
» pas à un homme tel que ce bon roi. Ce n'était pas

---

qu'il a fait les instructions du voyage de La Peyrouse, qui contiennent, avec toutes les connaissances acquises, le génie de
combinaison et d'ensemble : chef-d'œuvre sans modèle, et qui
n'a pas encore été imité. Il n'a pas tenu à Louis XVI qu'on igno-
rât toujours qu'il en était l'auteur : l'Académie des sciences, le
ministre même de la marine, se tourmentèrent très-long-tems
inutilement pour le découvrir ; on ne savait qu'imaginer. Et,
lorsque quelques personnes eurent pénétré le secret, Louis XVI
défendit sévèrement de le divulguer. Je fus un des premiers instruit de ce fait, qui m'a été confirmé par le célèbre abbé Aubert,
mon intime ami, alors censeur de *la Gazette de France*.

» assez pour lui de rendre heureux tous les Français ;
» il voulait les associer à sa gloire, il voulait que ses
» enfans délibérassent avec lui ; et, après les avoir in-
» fructueusement convoqués en assemblées provinciales
» et en assemblées de notables, il les avait réunis en
» Etats-généraux.

» Les Etats-généraux ont-ils rempli les espérances
» de Louis XVI et les vœux de la nation qui leur avait
» donné les mandats les plus formels ? Ils se sont divi-
» sés, et ils ont divisé avec eux la France entière. Ils
» ne se sont recomposés, ils n'ont entrepris de recom-
» poser la France, qu'avec des élémens de discorde.
» Tous les genres d'attentats ont été commis et régula-
» risés autant que le crime le peut être. Ce n'est pas
» seulement le roi qui a cessé de régner, mais les lois
» et la nation elle-même ne règnent plus. Pendant cette
» longue et désespérante agonie qui tourmente le chef
» et toutes les parties du corps social, Louis XVI a
» cherché le seul remède possible, un remède qu'il ne
» pouvait trouver au milieu de nous. Semblable au pi-
» lote qui s'efforce de diriger vers une plage tranquille
» le vaisseau qu'il voit près de périr, il s'est élancé sur
» un faible esquif ; il allait sortir du centre de l'agitation
» pour amarrer et sauver le vaisseau de l'Etat battu par
» la tempête, lorsqu'on l'a retenu, ramené comme un
» fugitif, comme un artisan de la discorde dont il n'est
» cependant que victime ; et la tempête, qui tôt ou tard
» submergera le vaisseau, a augmenté : sa fureur s'ac-
» croît à chaque instant ; son trouble vous égare. C'est
» ce trouble qui vous empêche d'employer le seul
» moyen qui vous reste pour nous sauver avec vous. Il

» n'est personne qui ne connaisse l'inépuisable bonté
» du roi.........

» C'est donc pour vous-mêmes, Citoyens ; c'est en
» considération du caractère inviolable et sacré de la
» personne du roi ; c'est au nom des lois et de l'hon-
» neur national qui lui garantissent cette inviolabilité ;
» c'est en considération des vertus qui le rendent si
» respectable et si cher à tous les peuples ; c'est au nom
» de toutes les lois et de tous les bons sentimens con-
» nus sur la terre ; c'est au nom de la patrie, au nom
» de l'humanité entière, que je proteste contre toute
» accusation intentée au plus vertueux, au plus bien-
» faisant, au plus malheureux des hommes. »

Après une protestation ainsi motivée, après l'épou-
vantable décret qu'elle ne put empêcher, je ne voyais
plus rien à redouter pour moi, lorsque, dans ma protestation du 18 janvier 1793, je dis à la Convention :

« Citoyens, vous êtes, ainsi que moi, ainsi que le
» monde entier, contemporains et témoins des vertus de
» Louis XVI. Si les prérogatives de sa naissance pou-
» vaient être effacées, s'il était né dans la classe la plus
» commune, il n'est aucun de vous qui ne voulût le re-
» commander comme un modèle de perfection hu-
» maine. Ce n'est donc que parce qu'il est roi, ce n'est
» que pour la défaveur d'un simple hasard, cependant
» admis par votre philosophie, que vous proscrivez sa
» tête ! C'est la royauté que vous espérez flétrir en frap-
» pant le roi ! Mais vous allez donner un étrange
» exemple à la terre. Les plus rigides républicains ont-
» ils jamais imaginé de proscrire un roi pour sa vertu,
» et pour la vertu même qui le détermine à appeler son

» peuple et, à l'exemple de ce peuple, tous les autres
» peuples à la liberté? Voilà donc le fruit de sa con-
» descendance!....... Les nations ne se livrent pas plus
» impunément au crime que les individus. Si j'invoquais
» le secours d'une lumière surnaturelle pour vous éclai-
» rer sur le bord de l'abîme dans lequel vous allez en-
» gloutir avec vous la France entière, vous ne m'écou-
» teriez pas; mais il suffit que cette lumière soit d'ac-
» cord avec les lumières naturelles de la raison perfec-
» tionnée. Quand même il serait vrai que tous les codes
» religieux ne sont que des légendes fabriquées par les
» hommes, vous n'en trouveriez pas moins dans la su-
» blime légende, qui est l'Evangile de vos pères, l'égide
» de la morale, de l'harmonie et du bonheur du genre
» humain. Y a-t-il une philosophie comparable à celle
» qui représente un dieu sous la main des bourreaux,
» pour montrer que rien ne peut souiller l'immuable
» essence de la vertu, et pour exposer dans toute son
» horreur l'impuissance finale du crime, alors que tout
» semble assurer son triomphe? *C'est donc en vain que*
» *vous ferez mourir le meilleur des hommes; vous ne flétrirez*
» *en lui, ni la royauté, ni le roi!* »

Si la générosité, si tous les genres de sacrifices qu'elle
peut suggérer, sont le caractère et les effets du vrai courage, il n'y eut jamais d'homme, de souverain, de chef
de république, aussi courageux que Louis XVI. Il y a,
comme je l'ai remarqué dans mon *Appel au Roi,* une
immense différence entre le courage dirigé par un principe moral, et le courage qui n'est qu'un effet de la terreur, de la contrainte, de la brutalité, de la vanité, de
l'ambition personnelle et des préjugés; la même diffé-

rence qu'entre le véritable honneur et le faux honneur.

Ainsi que le divin législateur qu'il avait pris pour modèle, Louis XVI supporta sans murmurer, pour prix de tant de bienfaits librement écoulés de son cœur, la plus longue, la plus horrible agonie ; et, en mourant victime de sa générosité, il pardonna, il pria pour les Français.

Les Juifs ne croyaient pas qu'ils crucifiaient le Messie : ils se le représentaient comme un séditieux qui voulait détruire la loi de Moïse. Ils n'étaient pas convaincus de sa mission : ses droits au rang suprême, dans l'ordre temporel, n'étaient pas mis en évidence ; Jésus ne les avait pas réclamés ; il avait dit au contraire que son royaume n'est pas de ce monde, et on ne l'avait pas vu sur le trône. Les Juifs comprenaient encore moins qu'il fût l'Homme-Dieu, le roi de toutes les nations.

Ceux qui ont assassiné Louis XVI, ceux qui l'ont laissé assassiner, ont su ce qu'ils faisaient et ce qu'ils ont laissé faire.

L'assassinat de Louis XVI est donc le plus grand crime commis sur la terre !

Ce n'est point avec des distiques et des quatrains qu'on peut faire l'éloge d'un tel homme. On a cru le peindre par ces deux vers mis au bas de son portrait :

Il ne sut que mourir, aimer et pardonner ;
S'il avait su punir, il aurait su régner.

Nous venons de voir de quelle manière, avant de savoir mourir, il avait su vivre. *S'il avait su punir*, dit-on, *il aurait su régner !* et, pour établir cette supposition, on lui reproche trois choses.

La convocation des Etats-généraux.

Elle était indispensable pour fixer la nation sur l'ensemble des connaissances acquises, et pour consommer l'affranchissement de toute servitude, l'œuvre de bienfaisance générale à laquelle avaient assidûment travaillé les rois ses prédécesseurs.

La double représentation accordée au Tiers-Etat.

Laissons l'excuse indirecte que l'on trouverait aisément dans les intrigues du ministère de ce tems-là, et convenons que cette double représentation, destinée à balancer celle des deux ordres supérieurs, en sorte que le roi seul eût à prononcer entre elles, paraissait nécessaire pour achever le chef-d'œuvre de l'humanité, le plus grand mobile de Louis XVI.

Après sa déclaration toute royale du 20 juin 1789, Louis XVI aurait dû faire pendre les instigateurs de la révolte.

Ici encore, laissons la question de savoir si, dans l'effervescence où étaient dès-lors les esprits dans toute la France et dans l'armée, cette justice aurait apaisé ou exaspéré la majorité des Français. Bornons-nous à examiner l'hypothèse des deux résultats contraires.

On ne pouvait rien affirmer sur l'avenir; et aujourd'hui on parle à son aise d'après les événemens.

Si Louis XVI eût fait punir les chefs et les principaux organes de la révolte, que la révolution eût été étouffée dans son germe, et que par conséquent ses horribles résultats n'eussent pas même été soupçonnés, on n'aurait vu en lui qu'un despote, un tyran farouche et sanguinaire, un hypocrite, un faux ami de l'affranchissement de son peuple, un ennemi formel de l'humanité entière.

Si, malgré la punition des factieux ou seulement la tentative de les punir, la révolution eût continué, ceux qui prétendent aujourd'hui se justifier d'un régicide sans excuse, ainsi que de tous les crimes et de tous les malheurs qui s'en sont suivis, se seraient bien autrement prévalus de la juste sévérité de Louis XVI; ils auraient étendu sur son auguste famille la défaveur populaire. La restauration de cette admirable dynastie eût été impossible; et ses ennemis jouiraient tranquillement de leur infernal triomphe.

C'est profaner le mot sublime de *courage* que de le faire consister à répandre le sang des hommes; et répandre le sang des Français, même de leurs sujets ingrats, c'est la seule espèce de courage qui manque aux Bourbons. Si on veut absolument des princes qui ne voient, dans les mesures sanguinaires, que les moyens d'assouvir leur ambition, il faut se hâter de retourner sous la bannière d'un usurpateur.

Au milieu d'un peuple révolutionnaire à qui on avait ôté tout appui de morale naturelle et de morale révélée, au milieu du tumulte de toutes les passions déchaînées et de tous les intérêts contraires qui heurtaient le trône de tous côtés, il était humainement impossible que Louis XVI ne fût pas renversé.

> .... *Sæpè Diespiter*
> *Neglectus incesto addidit integrum.* HORAT.

Mais au lieu de nous morfondre en raisonnemens, au

lieu de prétendre donner de nouveaux conseils, bornons-nous à rappeler ceux qui ont été donnés à nos ancêtres dans des circonstances semblables à celles où
nous nous sommes trouvés et à celles où nous nous
trouvons encore : le rapprochement sera d'autant plus
frappant et utile qu'il n'y a que les noms à changer :

« Est-il possible que vous soyez enfans de ceux qui
» ont autrefois si librement exposé leurs vies pour sau-
» ver celle de leur roy, qui se sont mis en danger pour
» l'en retirer, qui ont chassé ses ennemis pour le mettre
» entre les bras de ses serviteurs et amis ?

» Nous lisons qu'au commencement du règne de
» Louis VIII, père de sainct Louis, les princes de son
» royaume s'esleverent à l'encontre de luy, et luy trou-
» blerent fort son Estat. Et comme un jour entre les
» autres ils eussent conspiré de le prendre, et mis à cet
» effect une forte embuscade entre Mont-Leheri et Pa-
» ris, les Parisiens ayant eu l'avis de cette conjuration
» se mirent en armes aussi-tost, avec une ardeur mer-
» veilleuse de bien faire, et avec une résolution de mou-
» rir tous ou sauver leur prince : et sortant en cette al-
» légresse hors la ville, et en bon équipage, allèrent à
» Mont-Leheri mettre le roy hors du danger de ses en-
» nemis, lequel fut conduit seurement par cette gail-
» larde armée dans la ville de Paris ; et sur les chemins
» fut faicte une haye de gens d'armes au milieu de la-
» quelle le roy passa avec tant de gratulations et offres
» de services de ses bons citoyens, qu'il ne fut jour de
» sa vie qu'il ne les aimast de tout son cœur.

» Ces Parisiens-là estoient François et fils de Fran-
» çois, et eussent enduré mille morts avant que de souf-

» · frir , comme vous avez fait, les armoiries de France
» estre foulées aux pieds , brisées et cassées ignominieu-
» sement par toute la ville , et en leur lieu mettre celles
» de Lorraine, avec toutes sortes de gratifications qu'a-
» vez peu excogiter, pour montrer que vous estiez bons
» Lorrains.

» Vos prédécesseurs ont esté retirer leur roy du mi-
» lieu de ses ennemis en divers endroits de ce royaume ,
» pour l'amener triomphamment dans leur ville. Vous
» vous estes armez pour en chasser le vostre. Ceux-là
» exposoient leurs vies pour le sauver. Vous sauvez,
» non les vostres qui n'ont jamais été en danger , mais
» celles de quelques brigands , séditieux, et meurtriers,
» qui sont parmi vous , pour hazarder la sienne. Ceux-
» là respandoient leur sang pour leur roy ; vous prodi-
» guez le vostre pour favoriser un usurpateur.

» Ce peuple ressemble proprement à la poule , la-
» quelle, ayant trouvé les œufs d'un serpent , les es-
» chauffe , les couve , et conserve tout ainsi que les siens
» propres : et pour toute récompense , la première chose
» qu'ils font, si-tost qu'ils sont esclos , c'est de faire
» mourir celle qui les a si soigneusement eslevez et en-
» fin qui est cause de leur vie.

» Pensez-vous recevoir meilleur traitement d'un usur-
» pateur que d'un prince légitime , d'un tyran que d'un
» roy, d'un parastre que d'un père naturel, d'un es-
» tranger que d'un François ? Vous vous trompez si
» vous le croyez. Il y a trop de différence. Un prince
» légitime, principalement un François, tient ses su-
» jets aussi chers comme ses enfans , a une affection
» paternelle envers eux, de manière qu'il se tient offensé

» en eux comme un pere en ses enfans, qu'un mari en
» sa femme, qu'un maistre en ses serviteurs; et l'in-
» jure qui leur est faite, il la venge et la repute faite à
» soi-même.

» Un usurpateur au contraire n'a autre but et inten-
» tion que de s'establir et maintenir sa domination ty-
» rannique; et, pour parvenir à ses fins, il luy est ne-
» cessaire d'user de cruautez, exactions et oppressions
» infinies, et generalement il faut qu'il oste tous les em-
» peschemens qui servent d'obstacle à sa tyrannie; et,
» s'il ne se peut conserver autrement, il ne fait diffi-
» culté quelconque d'abandonner ses nouveaux sujets à
» la boucherie, les mettre en proye, et les exposer à
» l'incursion du premier venu. Que si le parti contraire
» est encor si fort qu'il ne le puisse destruire par ses
» propres forces, il fera venir à son secours un Espa-
» gnol, un Italien, voire un Turc et Mahométan, pour
» le faire participant de sa conqueste et partager avec
» luy, aimant trop mieux avoir une partie de ce corps
» politic, qu'il marchande il y a si long-tems, que le
» conserver sain et entier à sa mere, à l'exemple de la
» paillarde, qui aimoit mieux avoir la moitié de l'en-
» fant de sa voisine, que de le voir rester à la vraye
» mere en son entier.

» Davantage pensez-vous qu'un usurpateur se puisse
» jamais fier ni prendre asseurance de vous, qui vous
» estes fait cognoistre ouvertement, avez exprimé vos
» passions, avez déclaré vos conceptions, et vous estes
» proprement confessez au renard?

» Vous me faites souvenir du lion d'Esope qui atti-
» roit par ses flatteries et caresses feinctes, et mesmés
» par l'entremise du renard, les plus simples animaux,

» et les moins rusez, mais tout aussi-tost qu'il les pou-
» voit tenir, pas un n'eschappoit de ses griffes. C'est un
» cruel animal que vostre lion ; il y en a qui s'en sont
» mal trouvez, qui vous devroient faire sages, si vous
» n'estiez charmés et ensorcelez par ces privautez et
» communications trop familieres, qui vous seront bien
» cher vendues quelque matin, de façon ou d'autre, si
» vous n'y remediez bien-tost.

» C'est l'ordinaire des grands d'aimer les trahisons,
» et de hayr mortellement les traistres. Eux-mesmes
» suscitent coustumierement les rebellions pour arriver
» à leurs desseins, mais y estant parvenus, ils ne favo-
» risent jamais les rebelles. Ils ne s'y fient point, et ont
» raison. Car ils savent bien qu'ils se rendront toujours
» flexibles aux passions du premier qui voudra mar-
» chander et négocier avec eux, qu'ils ont les cons-
» ciences venales et mercenaires, et les cœurs disposez
» à perpetuelles nouveautez et changemens. Ce sont es-
» prits mobiles et inconstans, ennemis du repos et de
» la paix, auxquels l'estat present desplait tousjours,
» et courent incessamment au change. De Lorraine ils
» iront en Espagne, d'Espagne en Portugal, et de Por-
» tugal où ils pourront. » (*Conseil salutaire d'un bon
François aux Parisiens, contenant les impostures et mono-
poles des faux prédicateurs ; avec un discours véritable des
actes plus mémorables de la Ligue, depuis la journée des
Barricades jusques à la fin de may* 1589.)

En France, les rois ont fait tout le bien, les ministres tout le mal. Les ministres sont même une des
causes les plus immédiates et les plus efficaces de la révolution. Ensuite leur mauvaise administration pendant
les six derniers mois de 1814, et pendant les premiers

mois de 1815, a attiré la révolte des cent jours et les fléaux de la seconde invasion. Depuis 1815, la médiocrité, l'imprévoyance, la faiblesse et l'ineptie des uns, la cupidité, la versatilité, et par conséquent la félonie des autres, n'ont pas seulement éloigné l'immense bienfait de la restauration, mais encore elles ont réveillé les souvenirs funestes, les passions meurtrières, les haines et les discordes; elles ont divisé les Français, que le retour des Bourbons et les intentions paternelles de Louis XVIII avaient réunis; elles ont ranimé l'audace des perturbateurs, et remis en problème les destinées de la France et de l'Europe; elles ont rallumé et étendu le feu dévorant d'une révolution que des événemens aussi prodigieux qu'imprévus avaient anéantie : et, comme si ce n'était pas assez de tant de plaies infligées à l'humanité entière, le machiavélisme des ministres a vaincu les scrupules, les anxiétés et l'indécision des nouveaux Ravaillacs; il les a décidés à ensanglanter les marches du trône : la France a été divertie du sentiment de ses infortunes par un deuil qui lui est encore plus sensible; et des attentats sans cesse renouvelés lui font craindre à chaque instant que des monstres ne parviennent à frapper au cœur la monarchie. Mais les ministres ont obtenu pour eux-mêmes et pour leurs coadjuteurs une compensation des maux qu'ils nous ont faits et des maux qui nous menacent toujours : en ajournant indéfiniment le bien général de la restauration, ils n'ont pas oublié de s'en approprier une partie. Un seul a été assez généreux pour refuser la récompense de ses louables, mais trop faibles efforts : au moins celui-là n'a-t-il pas profité du mal qu'il n'a pu empêcher ses collègues de consommer.

L'Histoire du Ministère en France depuis l'établissement de la monarchie est le service le plus important qu'aujourd'hui on puisse rendre à la nation et à sa dynastie. Les rois y trouveraient des avertissemens continuels, et les ministres des leçons qui les rendraient toujours plus inexcusables. Cet ouvrage est difficile, car il faut consulter à chaque règne l'état politique intérieur et extérieur de la France, la religion, les lois, les chartes, les chroniques, les institutions, les édits, les ordonnances, les réglemens, les coutumes, les usages, les préjugés, les mœurs, les passions, les intrigues, les mémoires, les critiques, les satires, l'état de la littérature et des sciences, et des arts, et de l'agriculture, et du commerce, et de la navigation, l'état de paix et l'état de guerre. On y examinerait pourquoi, sous des rois constamment bons, constamment dévoués au bonheur du peuple, on rencontre si peu de ministres vraiment grands et dévoués, tels que les Lhopital, Sully, Colbert, Lamoignon, Séguier, d'Aguesseau. Pour que l'on ait tant célébré la mémoire d'un ministre qui ne sut affermir que par des mesures de sang l'autorité royale, il faut qu'il y ait eu en France une singulière disette de ministres intelligens, instruits, désintéressés, fermes et courageux. Depuis les illustres personnages que je viens de citer, on ne retrouve un caractère de grandeur et de bonté que dans l'ame de ce Malesherbes, qui a expié, par ses regrets, par son dévouement, et par le sacrifice de sa vie, le malheur de s'être laissé tromper par les sophistes du dix-huitième siècle.

FIN